**rowohlts
monographien
herausgegeben
von
Kurt und Beate Kusenberg**

Virginia Woolf

mit Selbstzeugnissen
und Bilddokumenten
dargestellt von
Werner Waldmann

bildmono rororo graphien

Rowohlt

Dieser Band wurde eigens für «rowohlts monographien» geschrieben
Den Anhang besorgte Rose Waldmann
Herausgeber: Beate Kusenberg und Klaus Schröter
Assistenz: Erika Ahlers
Schlußredaktion: K. A. Eberle
Umschlagentwurf: Werner Rebhuhn
Vorderseite: Virginia Woolf, um 1903. Fotografiert von
G. C. Beresford
Rückseite: Virginia in Garsington, 1923
(Beide Vorlagen Hogarth Press)

Veröffentlicht im Rowohlt Taschenbuch Verlag GmbH,
Reinbek bei Hamburg, Dezember 1983
Copyright © 1983 by Rowohlt Taschenbuch Verlag GmbH,
Reinbek bei Hamburg
Alle Rechte an dieser Ausgabe vorbehalten
Satz Times (Linotron 404)
Gesamtherstellung Clausen & Bosse, Leck
Printed in Germany
880-ISBN 3 499 50323 9

13.–17. Tausend September 1984

Inhalt

Vorwort   7
Hyde Park Gate 22   9
Leslie Stephen   24
Bloomsbury   40
Leonard   64
Hogarth Press   81
Karriere   90
Engagement   110
Tod im Fluß   118

Anmerkungen   130
Zeittafel   135
Zeugnisse   139
Bibliographie   144
Namenregister   153
Über den Autor   156
Quellennachweis der Abbildungen   157

Vorwort

Man kann ohne Zweifel von einer Wiederentdeckung Virginia Woolfs seit Ende der sechziger Jahre sprechen. Daß die Neue Frauenbewegung einen schmalen Teil des Woolfschen Werkes – im Grunde nur die beiden Bücher *Drei Guineen* und *Ein Zimmer für sich allein* – für sich als Schlüsseltexte reklamiert und vor sich her trägt, zeigt sicherlich die erstaunliche Modernität dieser Schriftstellerin: Virginia Woolf, in der konventionellen Welt des Viktorianismus und der steifen Cambridge-Intellektualität herangewachsen, suchte sich beharrlich einen Weg, als Frau selbständig zu leben, und dies ganz selbstverständlich und ohne grelle Bilderstürmerei. Ihr Kampf um die Anerkennung der Frau und deren Befreiung aus den ökonomischen Fesseln der Männergesellschaft macht aber nur eine Seite ihrer Modernität aus. Ihre Erzählungen und Romane lassen sich nicht zu Emanzipationstexten verkleinern: Sie sperren sich solcher vordergründiger Inbesitznahme geradezu störrisch. Virginia Woolfs dichterisches Werk zeigt eine noch größere, will sagen: eigentlichere Modernität. Ihre Romane beschreiben in ihrer Abfolge, oszillierend zwischen Konvention und Widerstand, einen Weg auf ein ganz bestimmtes Ziel zu. Bereits in den allerersten Texten spürt man das hartnäckige Suchen der Schriftstellerin, die Welt um sich und deren Hintergründigkeit mit Wörtern zu erfassen: die «ganze» Wirklichkeit, bis in den Abgrund jeder Nuance und fern aller Klischees und bislang versuchter literarischer Methoden. Nicht Geschichten fabuliert die Woolf zusammen, sie will aus dem Chaos unzähliger Sinneseindrücke, aus dem Amalgam äußerer und innerer Stimmen, Materie zurückgewinnen. Sowohl für die Schriftstellerin wie für ihre Sprache war dieses Unterfangen eine ständige Zerreißprobe. Für den Psychiater können die Woolfschen Texte Fallmaterial sein; in vielen Partien exemplifiziert sich die Diskrepanz zwischen psychotischer Welt und der Welt sogenannter Normalität. Über das vordergründige Interesse des Seelenarztes hinaus zeigen diese Bücher aber mehr: Hier hat eine hypersensible Frau versucht, durch die Kraft ihrer existentiellen Leidenserfahrung – vordergründig in Form einer schizophrenen Psychose – die Vereinsamung und Vereinzelung des modernen Menschen im Strudel der Massengesellschaft darzustellen. Daß ihr in den Romanen diese Irritation derart meisterhaft, ja geradezu erschreckend gelungen ist, macht letztlich das Geniale ihres Werkes aus. Unbestritten ist auch die Tatsache, daß Virginia Woolf neben Joyce eine Wende für die Erzähltechnik unter dem Etikett Stream-of-Consciousness eingeläutet hat und damit Ziehmutter eines ganzen modernen Erzählergeschlechts bis zum heutigen Tag geworden ist. Aber das ist nicht ihre eigentliche Leistung. Es ist diese: *den Plan hinter der Watte*, wie sie einmal die den Menschen umfließende Wirklichkeit nannte, zu dechiffrieren.

Hyde Park Gate 22

Adeline Virginia Stephen, die zweite Tochter von Leslie und Julia Prinsep Stephen, geboren am 25. Januar 1882, entstammt einer langen Reihe von Vorfahren, einige berühmt, andere unbekannt; hineingeboren in eine große Familie, nicht von reichen, aber wohlhabenden Eltern; hineingeboren in eine sehr redselige, literarische, Briefe schreibende, Besuche machende, typische Gesellschaft des späten neunzehnten Jahrhunderts ...[1]* 53 Jahre später brachte Virginia Woolf diesen Satz zu Papier, gedrängt von ihrer Schwester Vanessa, endlich ihre Autobiographie zu beginnen. Die Lebensbedingungen, in die Virginia an jenem Januartag hineingeboren wurde, waren eigentlich schlechthin ideal: eine intakte Familie, in der sich viktorianische Konvention, widerborstiger Liberalismus und Intellekt geschickt verbanden.

Über Virginias Vorfahren läßt sich Treffliches berichten. Ihr Großvater väterlicherseits, Sir James Stephen, war ein Kolonialunterstaatssekretär. Sein Onkel, James Stephen, bekleidete die Stellung eines Kanzleivorstands am Gerichtshof des Lordkanzlers. Hervorgegangen war die Stephen-Sippe aus einem Geschlecht von Kaufleuten und Bauern in Aberdeenshire Mitte des 18. Jahrhunderts. Der erste nachweisbare Sproß der Stephens, ebenfalls ein James Stephen, starb um 1750. Seine Söhne wanderten aus, suchten ihr Glück als Händler in Indien oder wählten die juristische Laufbahn. Mit der Schriftstellerei befaßten sie sich bereits seit drei Generationen.

Virginias Vater, Leslie Stephen, sollte Geistlicher werden, damals ein achtbarer, aber wenig karriereträchtiger Beruf. Leslies Bruder Fitzjames hatte mehr Glück: Er stand vor einer glänzenden Laufbahn als Anwalt und Journalist in London. Leslie lebte dafür ruhiger als Fellow von Trinity Hall in Cambridge, eine Art Dozent an der Universität. Freilich gab sich Leslie mit dieser verhältnismäßig geruhsamen Beschäftigung nicht zufrieden. Die ganze Richtung widerstrebte seinem Temperament, seinem Ehrgeiz und seinem wachen Intellekt. Kritisches Denken war nicht unbedingt eine Tugend für einen Geistlichen, und Leslie war ein unbequemer Denker. Es nimmt nicht wunder, daß er mit seinen Ansichten

---

* Die hochgestellten Ziffern verweisen auf die Anmerkungen S. 130f.

Vordere Reihe: Adrian, Julia Stephen, Leslie Stephen. Hintere Reihe: George Duckworth, Virginia, Thoby, Vanessa, Gerald Duckworth

bald hier und da anecken mußte. Dazu mißfiel ihm auch das Zölibat, dem er als Geistlicher unterworfen war, und überhaupt das idyllische, kontemplative Leben in Cambridge. Leslie entschied sich für eine ungesicherte und schwierige, aber verlockende Karriere als Journalist, Essayist, Kritiker, Biograph und Historiker, ähnlich seinem Bruder, der mit seiner juristischen Ausbildung nur eine bessere Ausgangsbasis als Leslie hatte. Aber Leslie hatte Glück: 1882 begann er ein gigantisches wissenschaftliches Werk, das «Dictionary of National Biography», als Herausgeber zu betreuen. Selbst steuerte er 378 Biographien zu dem Werk bei. Und er heiratete. Zur Frau nahm er sich Harriet Marian, eine Tochter des Dichters Thackeray. Mit ihr hatte er eine Tochter, Laura, die aber den Schwachsinn ihrer Großmutter geerbt hatte, *deren Idiotismus täglich offenbarer wurde, die kaum lesen konnte, die Scheren ins Feuer warf, die eine Zungenlähmung hatte und stotterte ...*[2] Minny, wie Leslie seine Frau nannte, wurde wieder schwanger, starb aber ganz überraschend vor der Geburt. Für Leslie ein Schlag, denn er war ein Mann, der ohne Frau, die ihm den Hausstand zusammenhielt und alles nur Erdenkbare organisierte, nicht leben konnte. Das war wohl mit ein Grund, vielleicht sogar der ausschlaggebende, daß er sich verhältnismäßig rasch nach einer Nachfolgerin für Minny umschaute. Der Zufall wollte es, daß er kurz vor ihrem

Tod die Witwe Julia Duckworth kennengelernt hatte, eine Bekannte der Thackerays. Julia hatte aus ihrer ersten Ehe drei Kinder; Gerald, George und Stella.

Julia war eine praktisch veranlagte Frau: ein Punkt, der Leslie ins Auge stach, aber sie war auch schön: eine schlanke Gestalt, mit einem großen schneeweißen Gesicht, makellos, wie aus weißem Marmor gemeißelt, das vollkommene Schönheitsideal der viktorianischen Zeit. «Sie anzuschauen», schrieb Leslie in seinen Erinnerungen über Julia, «ist für mich, all das zu fühlen, was heilig genannt werden kann.»[3] Leslie warb sehr heftig um Julia, und der Gedanke, daß dieser Mann sie schlichtweg brauchte, mochte sie besonders angesprochen haben. Sie heirateten am 26. März 1878. Für Julia war es eine neue Aufgabe, die sie für ihr rastloses Wesen unbedingt brauchte, keine leichte Aufgabe, denn Leslie war kein einfacher Mann. Ganz selbstverständlich mußte Julia auch die Pflege der schwachsinnigen Tochter übernehmen und sogar per Unterschrift versprechen, das Mädchen weiterzupflegen, falls Leslie einmal etwas zustoßen sollte. Leslies Welt waren das Arbeitszimmer mit den Büchern, die Freunde aus Cambridge, Oxford und London: Julia hatte so genügend Zeit, das Haus in Schwung zu halten. Leslie war für sie in der Einsamkeit des Schriftstellers und Philosophen unerreichbar. *Oft, wenn er die Treppe*

Vordere Reihe: Vanessa, Virginia, Adrian. Hintere Reihe: Sir Leslie Stephen, Lady Albutt, Julia Stephen, Gerald Duckworth, Sir C. Albutt. St. Ives, ca. 1892

Vanessa vor ihrer Staffelei mit Virginia, Thoby und Adrian

in sein Arbeitszimmer hinaufstieg, konnte man hören, wie er sich einstimmte. *Nicht in ein Lied, sondern in einen seltsamen rhythmischen Gesang nach allen möglichen Versen von Milton und Wordsworth.*[4] Julia akzeptierte voll, daß Leslie sie in jeder Hinsicht und ganz maßlos brauchte, und danach richtete sie ihr Leben ein.

Julia – eine geborene Jackson – war seitens ihrer Familie schriftstellerisch nicht vorbelastet. Die Jacksons waren Staatsbeamte in den Kolonien; Julias Tante, Countess Somers, war sogar die Mutter der Herzogin von Bedford. Ein Onkel war ein französischer Adeliger, Chevalier Ambroise Pierre Antoine de l'Etang, ein Offizier des nach Indien verbannten Ludwig XIV. Alles in allem: Was dieser Familie an intellektuellem Glanz fehlen mochte, wurde durch Adel und politischen Einfluß ausgeglichen.

Hinter Julia stand eine Familie, die Besitz und Einfluß hatte – die aber auch Einfluß nehmen wollte.

Pünktlich ein Jahr später, 1879, kam das erste Kind aus der neuen Ehe zur Welt, Vanessa, ein Jahr darauf Thoby, 1882 dann Virginia und wieder das Jahr darauf ein Junge, Adrian. Die Familie war komplett, immerhin mit drei eingeheirateten, vier gemeinsamen Kindern und dem schwachsinnigen Mädchen Laura.

Thoby, Adrian,
Vanessa und Virginia

Die Eltern mit Virginia im Hintergrund, um 1892

Die Verbindung Leslie mit Julia brachte zwei Familien zusammen, die sehr verschieden waren, sich aber doch ohne große Probleme und mit einiger guter Zukunftsaussicht verbinden ließen. Leslie *war spartanisch, asketisch und puritanisch, er hatte ... kein Empfinden für Malerei, kein Ohr für Musik, keinen Sinn für den Klang der Sprache.*[5] Julia war die wunderbare Ergänzung: *Und doch war das weibliche Element in unserer Familie sehr stark. Wir waren berühmt für unsere Schönheit – die Schönheit meiner Mutter und Stellas Schönheit haben mich mit Stolz und Freude erfüllt, solange ich denken kann.*[6]

Die Welt stand den Stephens offen, das heißt: eine ordentliche Karriere, eine standesgemäße Lebenshaltung, nicht unbedingt in Luxus, aber doch mit allen Ingredienzen des gehobenen Mittelstandes. Das wird deutlich, wenn man sich anschaut, wie die Stephens lebten: Man besaß ein Haus mittlerer Größe in der Hyde Park Gate 22, das allerdings auch vielen Personen Raum bieten mußte. *Elf Menschen zwischen acht und sechzig Jahre alt, lebten dort und wurden von sieben dienstbaren Geistern betreut, während tagsüber noch etliche alte Frauen und lahme Männer mit Rechen und Eimern irgendwelche Hilfsdienste leisteten.*[7] Einen Diener allerdings konnte man sich nicht leisten, ebensowenig eine eigene Droschke. Einen Wagen mietete man, wenn man ihn brauchte. Außer dem Haus in London besaß man einen Landsitz, wohin die Familie samt den Dienstboten jeden Sommer umsiedelte. Den Kindern ließ man eine geziemende Ausbildung angedeihen: Die Jungen kamen auf die Public School, dann nach Cambridge, die Mädchen wurden zu Hause unterrichtet, meistens von den Eltern, manchmal von Hauslehrern, und sollten dann rasch und gut unter die Haube gebracht werden. Die Wirklichkeit dieses Lebensraums, dessen Standard für damalige Verhältnisse als beachtlich galt, nahm sich freilich alles andere als idyllisch aus. Im Rückblick sah Virginia Woolf das Reich ihrer Kindheit wenig verträumt. *Hyde Park Gate 22 war ein Haus mit unzähligen kleinen, sonderbar geschnittenen Zimmern für nicht nur eine, sondern für drei Familien ...*[8] *Um uns viele Menschen zu beherbergen, baute man oben einfach ein Stockwerk dazu, oder im Parterre wurde kurzerhand ein Speisezimmer nach außen angebaut. Ich glaube, meine Mutter skizzierte, was sie wollte, auf einen Bogen Papier, um einfach die Kosten für den Architekten zu sparen. Diese drei Familien hatten ihre sämtlichen Besitztümer in dieses Haus hineingestopft. Man wußte nie, wenn man in den vielen dunklen Kredenzen und Kleiderschränken herumkramte, ob man nicht Herbert Duckworths Barristerperücke oder meines Vaters Priesterkragen – oder ein Blatt mit Zeichnungen von Thackeray ans Tageslicht beförderte ... Alte Briefe füllten Dutzende schwarzer Blechschachteln. Man öffnete sie und spürte ein gewaltiges Wehen der Vergangenheit ...*[9]

In der Hyde Park Gate 22 verkehrten Leute mit Rang und Namen, nicht nur die so zahlreiche Verwandtschaft, besonders von Julias Seite. Tennyson, George Eliot, George Meredith, Henry James, Thomas Hardy, Thackeray, Burne-Jones, Holman Hunt, Watts gaben sich die Klinke in die Hand, Schriftsteller, Politiker, Maler. Die intellektuelle Elite der Zeit saß in Leslies Salon. Der Gesprächston unterschied sich von dem, der sonst in den wohlhabenden Salons gepflegt wurde. Smalltalk über Modeschnickschnack oder irgendwelche delikaten Liaisons oder Mesalliancen gab es nicht bei Leslie Stephen. Die Leute, die hier verkehrten, hatten Wichtiges mitzuteilen. Und ganz selbstverständlich partizipierten die Kinder an diesem Teil des Lebens; sie hörten, was die Großen zueinander sagten, an Bemerkenswertem, großen Gedankenflügen und Banalitäten bei Tisch. *Das erstaunliche daran ist,* erinnerte sich Virginia, *daß diese bedeutenden Leute eigentlich immer so redeten wie ich und du. Tennyson beispielsweise konnte zu mir sagen: «Reich mir das Salz» oder «Danke für die Butter».*[10]

Trotz seiner geistigen Emsigkeit empfand Virginia das Haus als etwas Dunkles, gar Bedrohliches. Als sie es später so darstellte, hatte sie freilich Distanz gewonnen und konnte sich auch kritisch mit den Räumen ihrer Kindheit auseinandersetzen, wahrscheinlich ist aber, daß die sepiagetönte Depression von Hyde Park Gate 22 auch einige Spuren in ihrem

Gemüt zurückgelassen hat. *Das Haus war dunkel, weil die Straße so eng war, daß man beobachten konnte, wie Mrs. Redgrave gegenüber sich im Schlafzimmer den Hals wusch, und außerdem, weil meine Mutter, die in der Watts-Venezianer-Little Holland House-Tradition aufgewachsen war, die Möbel mit rotem Samt bezogen, das Holzwerk schwarz gestrichen und nur mit feinen Goldlinien abgesetzt hatte. Das Haus war auch vollkommen ruhig gelegen. Außer einem Hansom gelegentlich oder dem Lieferkarren des Metzgers kam dort nichts vorbei ... Wenn ich an das Haus zurückdenke, scheint es so übervoll von Szenen des Familienlebens – grotesken, komischen und tragischen, von den heftigen Gefühlen der Jugend, von Rebellion, Verzweiflung, berauschendem Glück, großer Leere, von Abendgesellschaften mit berühmten und mit durchschnittlichen Menschen ... Dieser Ort schien mit einem ganzen Bündel von Gefühlsäußerungen angefüllt. Ich hätte die Geschichte jedes Zeichens und Kratzers in meinem Zimmer niederschreiben können, was ich dann später auch tat.*[11] Virginia schlief mit Vanessa zusammen in einem Zimmer; der Balkon verband diesen Raum mit dem Schlafzimmer der Eltern, war aber durch eine Trennwand abgeteilt. *Meine Mutter trat gewöhnlich in einem weißen Morgenrock auf ihren Balkon, an dessen Wand Passionsblumen wuchsen.*[12] Aber die Mutter, das geliebte Wesen, erschien eher wie ein schöner Traum, denn Virginia war für sie nur einer von vielen Mitbewohnern des Hauses. *Kann ich mich überhaupt erinnern, je mehr als ein paar Minuten mit ihr allein gewesen zu sein? Wenn ich unverhofft an sie denke, ist sie immer in einem Raum voller Menschen. Ich sehe sie immer in Gesellschaft, immer umringt, der Allgemeinheit gehörend, immer für alle da, allgegenwärtig.*[13] Das Einschlafen war stets eine Periode der Furcht. *Das Flackern der kleinen Flammen an den Wänden bereitete mir Angst ... und als Kompromiß legte die Kinderschwester ein Handtuch über das Kamingitter. Doch ich mußte einfach die Augen öffnen, ich konnte nicht anders, und da war dann oft die flackernde Flamme, und ich starrte und starrte und konnte nicht einschlafen.*[14] Dieses Haus war kein Kinderparadies, aber ebensowenig die Stadt. *Aus Nicht-Sein bestand ein großer Teil unserer Zeit in London.*[15] Auch die Spaziergänge am Nachmittag empfand Virginia als Stumpfsinn, meistens in die nahe gelegenen Kensington Gardens. *Da war der Augenblick mit der Pfütze quer über den Weg, als plötzlich alles, ohne jeden erfindlichen Grund, unwirklich wurde; ich schwebte, ich konnte nicht über die Pfütze steigen, ich versuchte, etwas zu berühren ... die ganze Welt wurde unwirklich. Als nächstes dann der Moment, wo der schwachsinnige Knabe, schlitzäugig und mit roten Augenlidern, aufsprang und miauend die Hand ausstreckte, und ich, ohne ein Wort zu sagen, von einem Gefühl des Entsetzens gepackt, eine Tüte russischer Toffees in seine Hand schüttete. Doch damit war es nicht zu Ende, denn an jenem Abend im Bad überkam mich das dumpfe Entsetzen wieder. Wieder fühlte ich jene hoffnungslose Traurigkeit, jene Nervenkrise, wie ich sie schon einmal beschrieben habe, als wäre ich, durch einen Holzhammerschlag betäubt, schutzlos und wehrlos einer ganzen Lawine des Ausgeliefertseins preisgegeben, die sich zusammengeballt hatte und auf mich herabstürzte, so daß ich regungslos an meinem Ende der Wanne kauerte. Erklären konnte ich es nicht ...*[16]

Das Leben in London und im geschäftigen Haus Leslies muß ein Gefängnisleben gewesen sein, bedrückend, ein Leben mit angehaltenem Atem. Aber es gab auch ein Paradies, in dem man frei und herrlich leben konnte: St. Ives in Cornwall, wo die Familie ihre Sommerferien zu verbringen pflegte. *Mir wird noch jetzt heiß – als wäre alles reif, summend und sonnig, als röche ich so viele Gerüche zugleich, und alles vereint sich zu einem Ganzen und läßt mich noch jetzt innehalten – so wie ich damals innehielt, als ich zum Strand hinunterging: Ich blieb oben stehen, um auf die Gärten hinunterzuschauen. Sie lagen tiefer als der Weg. Die Äpfel hingen in Kopfhöhe. Aus den Gärten drang Bienengesumm herauf, die Äpfel waren rot und golden; auch rosa Blumen gab es dort und graue und silbrige Blätter. Das Brummen und Summen und der Duft schienen wollüstig wie gegen ein Membran zu pressen, nicht um es zu sprengen, sondern um mich mit einer solchen Verzückung zu umsummen, daß ich stehenblieb, schnupperte und schaute.*[17]

Leslie Stephen hatte 1882 Talland House in St. Ives als Sommersitz der Familie gekauft. *Ein quadratisches Haus, ein Haus wie eine Kinderzeichnung; bemerkenswert nur durch sein flaches Dach und ein Gitter aus gekreuzten Holzstäben, welches um das Dach herumlief. Es hatte eine ideale Aussicht, wie wir feststellten, als wir dort ankamen: Über die ganze Bucht hin, bis zum Godrevyer Leuchtturm hinüber. Am Hang des Hügels gab es kleine Rasenflächen, die von dichten blühenden Büschen eingerahmt waren, deren Blätter man pflückte, zusammenpreßte und an denen man roch.*[18] Virginia zog es ihr ganzes Leben immer wieder nach St. Ives. Die Freiheit, die die Kinder hier genossen, die steil aufsteigende kleine Stadt mit dem kleinstädtischen, beinahe dörflichen Flair, die Weite des Meeres, der Himmel, diese Eindrücke prägten Virginia tief: St. Ives, *ein unschätzbares Geschenk*[19] ihrer Eltern. *Bis an das Ende von England zu reisen, unser eigenes Haus, unsern eigenen Garten zu haben – diese Bucht, dieses Meer und den Hügel mit Clodgy- und Halestownheide zu haben, die Carbis Bay, Lelant, Zennor, Trevail und den Gurnardskopf und in der ersten Nacht, hinter den gelben Rouleaus, das Brechen der Wellen zu hören, im Lugger zu segeln, im Sand zu buddeln, über die Felsen zu kriechen und im tiefen, klaren Wasser dazwischen die Seeanemonen zu beobachten, die ihre Fangfäden spielen ließen, um ab und zu einen der kleinen Fische zu erwischen, die dort zappelten; im Eßzimmer vom Schulbuch aufzuschauen und den Wechsel des Lichts auf den Wellen zu beobachten; in die Stadt hinunterzugehen und für einen Penny Schachteln mit irgendwelchen Nägeln oder sonst etwas bei Lanhams zu kaufen ... all die Fischgerüche in den steilen kleinen Straßen zu schnuppern und die zahllosen Katzen und die Frauen*

Vordere Reihe: Stella Duckworth, Lily Norton, Vanessa, Virginia. Hintere Reihe: Dick Norton, Julia Stephen mit Adrian, Gratwick, Leslie Stephen und Thoby

zu beobachten, die von den erhöhten Stufen ihrer Häuser aus Eimer mit schmutzigem Wasser in die Rinnsteine gossen; jeden Tag eine große Schale Cornish Cream zu bekommen, die mit sehr viel braunem Zucker herumgereicht wurde ... Ich könnte Seiten mit einer Erinnerung nach der andern füllen, welche die Sommer in St. Ives zum günstigsten Auftakt für ein künftiges Leben machten.[20]

Eine Schulbildung genossen Virginia und ihre Schwester Vanessa nicht. Für Mädchen aus besserem Haus war dies auch kurz vor der Jahrhundertwende noch unpassend. Was höhere Töchter zu wissen und zu können hatten, brachte man ihnen zu Hause bei. Die Debatten und Diskussionen in Leslies Salon hatten für Virginia eine nicht unähnliche Bedeutung wie der unfreiwillige Sprung eines Nichtschwimmers ins tiefe Bassin. Außerdem stand ihr sehr früh die Bibliothek des Vaters offen, ohne Einschränkung – damals auch eine kleine Sensation, aber selbstverständlich, bedenkt man Leslies trotzig intellektuelles Rebellentum. Zwei Gouvernanten unterrichteten die Mädchen. Leslie selbst versuchte ihnen Mathematik beizubringen, die Mutter Latein, Französisch und Geschichte. Vermutlich waren beide Eltern aber schlechte Lehrer: Julia hatte wenig Zeit, war immer gehetzt, und Leslie als Mathematiklehrer mußte die Ungeduld in Person sein. Schulfächer erachtete man damals ohnehin als nicht besonders wichtig für Mädchen, es gab Wesentlicheres, was eine künftige Ehefrau beherrschen sollte: Virginia erhielt Unterricht im Zeichnen, Singen und Musizieren, Tanz- und Reitstunden und natürlich Anleitung in korrekten gesellschaftlichen Umgangsformen. Diese ganze Ausbildung wurde Virginia aber alles andere als systematisch vermittelt; das meiste eignete sie sich ohnehin selbst an.

Virginia lernte erst mit drei Jahren zu sprechen. Diese Verzögerung war eine Sorge für ihre Eltern, dann aber ließ sie sich intensiv auf die Beschäftigung mit der Sprache ein. Sie horchte genau zu, stahl den Erwachsenen die Worte und Sätze von den Lippen und versuchte sich selbst damit, dies mit erstaunlicher Zähigkeit und Leidenschaft. Sie spielte die Sprache der Erwachsenen nach. Früh fing sie zu schreiben an, für sich, im Ton der Erwachsenen, Schreiben als Imitation. Für sie war es Training, Fingerübungen für später. Ziemlich früh galt es unter den Geschwistern als eine ausgemachte Sache, daß Vanessa, ganz offenkundig dem Schönen zugeneigt, einmal Malerin werden würde; Virginia war die künftige Schriftstellerin.

Der Eklektizismus dieser Ausbildung hatte aber auch Folgen: Virginia sollte lange Jahre unter Minderwertigkeitskomplexen leiden, etwa wenn sie mit den studierten Freunden ihrer Brüder Thoby und Adrian zusammensaß. Deshalb war Virginia wohl auch in der Bloomsbury-Zeit, zumindest zu Beginn, die große Schweigerin. Zu Hause hatte sie auch nicht gelernt – wie das sonst auf einer Schule geschieht –, ihre Talente und ihre Mängel mit denen anderer Kinder zu messen; und daraus nährte sich ihre Unsicherheit. Die ständige Angst, ungebildet zu sein und aufzufallen, ließ sie ein Buch nach dem andern verschlingen. Ihre Lesewut steigerte sich in der Bloomsbury-Zeit nur noch weiter, als sie von den Freunden herausgefordert war, mit zu diskutieren und nicht nur passiv dazusitzen.

Als Kind saugte Virginia alles, was sie hören konnte, in sich auf, aber nicht nur Sprache: Virginia lernte, ihre Umwelt zu sehen, zu empfinden, die sichtbare Seite der Dinge zu ergreifen und die unsichtbaren Schwingungen dahinter, das ganze Spektrum an Gefühlen in den Augenblicken des Lebens. *Ich liege halb schlafend, halb wach im Bett, im Kinderzimmer in St. Ives. Ich höre – hinter einem gelben Rouleau –, wie die Wellen sich, eins-zwei, eins-zwei, brechen und über den Strand hinaufschäumen, und sich dann wieder, eins-zwei, eins-zwei, brechen. Ich höre das Rouleau, das seine kleine Holzquaste an der Schnur über den Boden schleift, wenn der Wind es nach außen bauscht; ich liege und höre dieses Schäumen und sehe dieses Licht, und ich habe das Gefühl, es ist fast nicht möglich, daß ich tatsächlich hier bin, mit dem Gefühl der reinsten Ekstase, die ich mir vorstellen kann.*[21] Derart zusammengetragene Eindrücke, Versatzstücke einer individuell aufgenommenen Wirklichkeit, hafteten nachdrücklich.

Jene Augenblicke – im Kinderzimmer und auf dem Weg zum Strand – können noch heute wirklicher sein als der gegenwärtige Moment. [22]

Der Haushalt der Stephens stand und fiel mit Julia. Sie war das Zentrum, der Motor. Daß sie funktionierte war selbstverständlich. Niemand fragte sich, ob diese Frau diese Belastungen sowohl psychisch wie auch physisch aushalten konnte. Leslie war derjenige, dessen Gesundheit immer wieder Anlaß zu Sorgen bereitete, und Julia hatte strikt darauf zu achten, daß Leslies Gebrechen sorgsam gepflegt wurden. Sie kümmerte sich um die finanzielle Seite des Haushalts. Leslie verdiente zwar das Geld, aber Julia teilte es ein und schaute zu, wie und daß man über die Runden kam. Allzu üppig floß das Geld ohnehin nicht in die Kasse, und der Haushalt verschlang ordentliche Summen, besonders die Sommeraufenthalte in St. Ives. Aber Leslie litt auch ständig unter Depressionen, die ihm die Arbeit schwer oder gar unmöglich machten und ihn zu Bett warfen. Sofort war Julia zur Stelle und hatte die passenden Worte, um Leslie wieder aufzurichten. Fast pathologisch war seine Angst, nicht genügend Geld zu besitzen: Julia wußte ihn zu besänftigen, und er konnte sich blindlings darauf verlassen, daß sie klug einteilte, daß sie die Familie aus jeder schwierigen Situation herausmanövrierte. Leslie spielte zwar die übliche Rolle des Patriarchen, der über allem stand und mit seiner Autorität regierte, im Grunde war er aber ein schwacher Mann. Ohne Julia, die ständig sichtbar oder unsichtbar wie ein Schutzengel hinter ihm stand, ging es nicht. Im Grunde lebte Leslie fast ausschließlich in seiner geistigen Welt, inmitten seiner Bücher und Manuskripte, im Kreis seiner Freunde. Die Hausarbeit verrichtete Julia nicht selbst, aber sie mußte ständig präsent sein und die kleine Mannschaft dienstbarer Geister umsichtig lenken. Julia hatte überall zu sein, eine Anweisung zu erteilen, einen Rat zu wissen, auch einmal selbst mit anzupacken. Im Haus herrschte ein Kommen und Gehen, ständig waren Besucher da, es mußte serviert werden, und dann die alljährliche Reise nach St. Ives, mit einer Unzahl von Gepäckstücken, mit quengeligen Kindern, umständlichen Zugverbindungen, für alle andern ein Abenteuer, für Julia ein Alptraum.

An Leslies Seite bot sich Julia kein großzügiges und genußreiches Leben. Sie konnte diese Situation aber vielleicht deshalb so elegant meistern, weil sie sich mit ihrer ganzen Persönlichkeit auf diese an sich nicht verlockende Aufgabe stürzte, oder wie es Virginia einmal beschrieb: Sie *preßte nur noch die bittersten Früchte an ihre Lippen* [23]. Und Leslie, die Kinder und der Riesenhaushalt waren ihr noch nicht genug! *Sie besuchte die Armen, stand den Sterbenden bei und glaubte endlich das wahre Geheimnis des Lebens zu besitzen...* [24] Ständig erhielt sie Briefe von fremden Leuten, die sie mit ihren Problemen bedrängten, die Rat und Tat von ihr erbaten. Julia warf sich mit der gleichen Intensität auch auf diese Aufgabe, mit der sie ihren Mann und die Familie betreute. *Jeden Abend saß sie, nach einem arbeitsreichen Nachmittag, an ihrem Schreibtisch, und ihre*

Virginia, achtzehnjährig

Hand bewegte sich unablässig – gegen das Ende zu ein wenig fahrig, als sie Antworten schrieb: ratgebende, spaßige, warnende und teilnehmende, dominiert von ihrer hohen Stirn und den dunklen Augen, die noch immer so schön, doch jetzt todmüde, so abgeklärt waren, daß man sie kaum traurig nennen konnte . . .[25]

Leslie war bei alldem keine Hilfe. Er hielt sich im Hintergrund, verschanzte sich hinter seinen Büchern, lag im Schaukelstuhl und schrieb. Er dachte nach über das Leben, Julia inszenierte es. Die Folgen: Sie war eine Frau, die nie Zeit hatte – für sich selbst. Sie hatte sich in einer ganz erstaunlichen Ausschließlichkeit ihrer Umwelt hingegeben und darüber die eigene Identität verloren. Man könnte meinen, sie hätte es geradezu darauf angelegt, ihre Hingabe dermaßen zu steigern, daß sich ihre Persönlichkeit eines Tages völlig verflüchtigte. *Und man muß sagen, daß es ihr dadurch, daß sie unter einer solchen Hochspannung lebte, gelungen war, die ganze Umwelt mit einem unnachahmlichen Elan zu erfüllen, als sähe sie darin, zu gleichen Teilen, nur Narren, Clowns und phantastische Königinnen, die in einer riesigen Prozession dem Tode zumarschierten.*[26] Julia lebte für den Augenblick. Sie hatte wohl keine Furcht vor dem kommenden Tag, hatte die Nichtigkeit alles menschlichen Strebens absolut verinnerlicht. Die Grippe, die sie am 4. März 1895 zu Bett warf, nahm sie nicht ernst. Wahrscheinlich empfand sie das körperliche Unbehagen, das Fieber, die Schmerzen, die Trägheit in den Gliedern als ärgerlich, hielt es sie doch für ein paar Tage von ihren Pflichten fern. Es ging ihr bald wieder besser. Die Familie nahm wenig Notiz davon. Julias Präsenz war selbstverständlich, und sie gab niemandem einen Wink, wie es wirklich um sie stand. Um so heftiger war der Rückschlag. *Und dann sehe ich sie zum letzten Mal – sie lag im Sterben, ich kam um sie zu küssen, und als ich aus dem Zimmer schlich, sagte sie: «Halt dich gerade, mein Zicklein.»* [27] Am 5. Mai 1895 war Julia Stephen tot.

Für Leslie war dieser Tag unfaßbar, eine Katastrophe. Die Welt hatte sich gespalten, sie stürzte über ihm zusammen. *Mein Vater taumelte aus dem Schlafzimmer, als wir kamen. Ich streckte die Arme aus, um ihn aufzuhalten, doch völlig verstört stürzte er an mir vorbei und schrie etwas, was ich nicht verstehen konnte.* [28] Die Szenerie mutete unwirklich an. Kerzen brannten und die Sonne schien durch die Fenster herein. Draußen ein wunderschöner Morgen, Frühjahr, ein blauer Himmel. *Ein Gefühl der Ruhe, der Trauer und der Endgültigkeit überkam mich.* [29] Es schien, als stünden die Uhren still im Haus. Man hielt den Atem an. Die Stephens lebten neben der Zeit, außerhalb. Virginia sammelte die Bilder; manche brannten sich ihrem Gedächtnis unlöschbar ein. *Ihr Gesicht sah unendlich verschlossen, hohl und streng aus. Als ich sie küßte, war mir, als küßte ich kaltes Eisen. Wenn ich kaltes Eisen berühre, steigt seitdem dieses Gefühl immer in mir auf – ich fühle das Gesicht meiner Mutter – kaltes, körniges Eisen.* [30]

Die Tage bis zur Beerdigung Julias mußten für Virginia ein Gang durch die Finsternis gewesen sein. Im Grunde hatte die Familie jede Tätigkeit eingestellt. Man saß im Salon herum, um Leslie in seinem Sessel, und weinte, getraute sich nicht, sich gegenseitig ins Gesicht zu blicken. *Die Blumen im Vestibül verbreiteten einen schweren Duft. Sie lagen dort hoch aufgetürmt auf dem Tisch. Der Duft bringt jene Tage noch immer mit erstaunlicher Intensität zurück.* [31] Für Virginia bedeutete diese Erfahrung: Mit allen Fasern des Körpers zu empfinden, wie es ist, wenn ein Leben endet. In diesen Tagen erlebte sie die Umwelt mit einer ganz neuen, tiefen und auch erschreckenden Intensität. In der Grausamkeit des Lebens – Leslie versunken in seinen Schmerz, zu keinem Gedanken fähig – erkannte Virginia die Schönheit. George und Vanessa nahmen Virginia mit auf den Bahnhof Paddington, um Thoby abzuholen, der zur Beerdigung aus Clifton anreiste. *Die Sonne ging gerade unter, und die große Glaskuppel am Ende des Bahnhofs strahlte in feurigem Licht. Sie war in glühendes Gelb und Rot getaucht, und die Eisenträger lagen wie ein Muster darüber. Sie beeindruckte und erregte mich zutiefst. Sie war so riesig und so feurig rot. Ich ging den Bahnsteig entlang und starrte hingerissen auf diese herrli-*

che Farbenpracht, während der Zug langsam in den Bahnhof dampfte. Der Kontrast zwischen diesem strahlenden, prachtvollen Licht und den verhüllten und verhangenen Räumen in der Hyde Park Gate war überwältigend. Zum Teil lag es auch daran, daß der Tod meiner Mutter enthüllte und intensivierte und mich plötzlich Wahrnehmungen entwickeln ließ, als hätte man ein Vergrößerungsglas über das gehalten, was im Dunkel geruht und geschlummert hatte. Natürlich war dieses plötzliche Erwachen nur spasmodisch. Doch es war überraschend – als wäre etwas ohne jede Anstrengung sichtbar geworden.[32]

Es dauerte, bis die Stephens die Tatsache realisiert hatten, daß Julia tot war. Leslie konnte ihren Part nicht übernehmen; er war unfähig, diesen Verlust zu verarbeiten, geschweige denn, das Haus über die schwere Zeit hinwegzuführen. Und dies hieß, daß Schwermut und Trübsal in der Hyde Park Gate 22 einkehren sollten. *Mit dem Tod meiner Mutter war das fröhliche, abwechslungsreiche Familienleben, das sie aufrechterhalten hatte, für immer zu Ende. Statt seiner senkte sich eine düstere Wolke auf uns herab.*[33] Es gab keine Ausbruchsmöglichkeit: Eine beklemmende Zukunft, fast ohne Hoffnung, gespenstisch. *Ein Finger schien sich auf unsere Lippen gelegt zu haben.*[34]

Leslie Stephen

Die dreizehnjährige Virginia begriff rasch, daß nicht nur die ersten Wochen nach Julias Tod ein anderes Leben bedeuteten, sondern daß alles wohl so blieb, und die Stephens-Kinder brauchten lange, um jenen beklemmenden Zustand hinter sich zu lassen. Leslie weigerte sich beharrlich, nach vorn zu blicken. Er war völlig in seinen Gram versessen; vielleicht genoß er auch unbewußt die Trübsal, die er um sich verursachte. Leslie war beileibe kein hinfälliger alter Mann, erst 63, doch er ließ sich maßlos gehen. *Vater saß gewöhnlich in Trübsinn versunken da. Wenn man ihn zum Reden bewegen konnte – und darin bestand ein Teil unserer Aufgabe –, sprach er über die Vergangenheit, von den «alten Zeiten». Und wenn er sprach, endete es immer mit einem Stöhnen. Er wurde taub, und sein Stöhnen war lauter, als es ihm bewußt war. Zu Hause lief er gestikulierend und weinend im Zimmer auf und ab, daß er Mutter nie gesagt habe, wie sehr er sie liebe. Dann schlang Stella protestierend die Arme um ihn. Oft wurde man zufällig Zeuge einer solchen Szene. Dann breitete er seine Arme aus und rief einen zu sich heran. Wir seien seine einzige Hoffnung, sein einziger Trost, pflegte er zu sagen. Und dort auf dem Fußboden kniend, versuchte man zu trösten – vielleicht weinte man auch nur.*[35] Julia war Leslies zweite Frau, die er verloren hatte, doch *ihr Tod* war *die größte Katastrophe ... die geschehen konnte*, beurteilt Virginia den Tod ihrer Mutter viele Jahre später. *Es war, als stünden an einem strahlenden Frühlingstag die jagenden Wolken plötzlich still, würden dunkel und ballten sich zusammen, der Wind erlahmte, und alle Kreatur der Erde wehklagte oder irrte sinnlos suchend umher.*[36] Die um eine Spur zu theatralische Sprache will nicht ironisch wirken, das Szenarium, die Stimmung, die sie vermittelt, muß derjenigen, die damals in der Hyde Park Gate 22 herrschte, fatal nahekommen. Virginia sprach von der Zeit nach Julias Tod als einer *Periode orientalischer Trauer*[37], nicht ohne leicht spöttischem Unterton.

Leslie litt unter Schuldgefühlen. Er glaubte, seine Frau zu sehr benützt, ihr zu Lebzeiten nicht genügend Dank abgestattet zu haben. Und darin hatte er sicher recht, denn Julias Hingabe war für ihn immer etwas Selbstverständliches gewesen. Und Leslie war fürchterlich hilflos. Wer sollte den Haushalt organisieren? Wer besaß überhaupt die Kraft und Energie, an diesen unzähligen Fäden zu ziehen und darüber hinaus – mit das Wich-

Mit dem Vater, um 1903

tigste – ihn, Leslie, zu umhegen, auf seine physischen Gebrechen einzugehen, ihm ständig Trost und Aufmunterung für seine Arbeit zuzusprechen? Daß Julia dies nicht mehr leisten konnte, mochte ihn auch ein wenig wütend machen. Selbst in seiner Trauer hatte er etwas Tyrannisches an sich. *Dein Großvater*, schrieb Virginia später an Vanessas Sohn, *hatte viel von einem hebräischen Propheten an sich; etwas von der erstaunlichen Vitalität seiner Jugend war ihm erhalten geblieben, nur daß er seine Kräfte nicht mehr für Bergsteigen und Sport gebrauchte. Sein ganzes Interesse hatte sich schon seit vielen Jahren auf sein Heim konzentriert. Und nun, da seine Frau, entgegen allen seinen Erwartungen, vor ihm gestorben war, war er wie einer, der aus Mangel an Halt blindlings in der Welt umhertaumelt und sie mit seinem Jammer erfüllt. Doch keines meiner Worte kann wiedergeben, was er empfand, oder gar die Vehemenz des sichtbaren Ausdrucks dessen, was sich diesen ganzen entsetzlichen Sommer hindurch in einer Szene nach der anderen äußerte. Ein Zimmer, schien es, war stets geschlossen, aus dem von Zeit zu Zeit nur immer wieder lautes Stöhnen oder wildes Weinen drang. Er hatte ständig Beileidsbesuche von mitfühlenden Frauen, die ziemlich nervös hineingingen, um ihn zu sehen, und die, rot im Gesicht und verweint, wieder herauskamen – verlegen, wie Menschen es sind, wenn sie sich von der Flut fremder Gefühle haben mitreißen lassen –, um Stella Bericht zu erstatten.*[38]

Es braucht wenig Phantasie, um sich vorzustellen, wie die Kinder um diesen Mann herumschlichen, ihm möglichst aus dem Weg zu gehen trachteten und das Lachen verlernten. Weil Leslie unangefochtenes Familienoberhaupt war, mußte sein Trübsinn wie ein ansteckendes Fieber wirken und allen Elan lähmen.

Trotzdem, irgendwer mußte Julias Rolle übernehmen. Ein drittes Mal zu heiraten war undenkbar. Also kam nur eine Frau als Julias Nachfolgerin in Frage, Leslies Stieftochter Stella. Stella Duckworth war Julias Mustertochter gewesen, ungeheuer auf Julia fixiert und von dieser völlig abhängig. *Sie war nicht klug, sie las selten ein Buch; und diese Tatsache hatte, wie ich glaube, einen enormen Einfluß auf ihr Leben, einen unverhältnismäßig großen Einfluß, in der Tat. Sie überschätzte ihre eigene Unzulänglichkeit, und das enge Zusammenleben mit ihrer Mutter verleitete sie, immer Vergleiche anzustellen und sich selbst eine Minderwertigkeit zuzumessen, was dazu führte, daß sie von Anfang an im Schatten ihrer Mutter lebte.* [39]

Stella wuchs erstaunlich rasch in die Rolle ihrer Mutter hinein, sie besorgte das Haus und war sogar mit gewisser Einschränkung Leslies Kummerkasten. Daß sie in ihrer Mutter immer *ein Wesen mit göttlicher Macht und göttlicher Klugheit* [40] gesehen hatte, machte es ihr jetzt offenbar leicht, auch unter den besonders schwierigen Lebensbedingungen in Leslies Haus, einen geradezu aufopfernden Charme zu entwickeln. Stella wurde Julia immer ähnlicher. Diese Tatsache, durchaus erfreulich für Leslie und die Kinder, trug aber mitnichten dazu bei, die Stimmung im Haus zu verbessern. *Im Laufe des Sommers kamen Besucher, teilnahmsvolle Frauen, alte Freunde. Sie wurden in den hinteren Teil des Salons geführt, wo Vater saß und die Ranken des wilden Weins hingen wie ein grüner Vorhang vor dem Fenster, so daß das Zimmer wie eine grüne Grotte wirkte. Wir im vorderen Salon saßen zusammengekauert, hörten gedämpfte Stimmen und warteten, bis die Besucherin, noch mit Tränen auf den tränennassen Wangen, wieder herauskam. Das in Trauer gehüllte, zurückgezogene, freudlos gewordene Leben löste das ganze lustige Stimmengewirr und Gelächter des Sommers ab. Es gab keine Gesellschaften, keine lachenden jungen Männer und Mädchen mehr. Kein plötzliches Auftauchen weißer Sommerkleider, keine Hansoms mehr, die eilig zu Privataufführungen oder Abendgesellschaften fuhren, nichts mehr von dem zwanglosen Leben und der Fröhlichkeit, die meine Mutter verkörpert hatte.* [41]

Die Kinder hätten Julias Tod wohl über kurz oder lang verschmerzt: Was sollte diese Tragödie sie auch immer wieder aufs Neue unglücklich machen? Die Atmosphäre aber, die Leslie verbreitete und zäh am Leben hielt, schuf eine unwirkliche Realität. *Wir waren gezwungen, Rollen zu spielen, die uns nicht entsprachen, nach Wörtern zu suchen, die wir nicht kannten.* [42] Virginia und Vanessa begriffen wohl, was sie an ihrer Stiefschwester hatten. *Stella war anpassungsfähig und anspruchslos,* erinnerte sich Virginia, *besaß aber neben dem, was man Charme oder Zauber nennt,*

26

eine wunderbare Würde und die Eigenschaft, einen tiefen Eindruck bei Menschen zu hinterlassen.[43] Die beiden Mädchen, besonders Vanessa, versuchten, Stella dies und jenes an Arbeit abzunehmen. Die Stephens merkten, daß Stella *aus reinem Edelmut*[44] handeln mußte, denn aus Freude konnte sie das nicht tun: *Die Zukunft hatte keinen Sinn mehr für sie; die Gegenwart, mit einem Stiefvater, den sie kaum kannte, und vier Kindern, die Betreuung brauchten und ihr noch sehr wenig helfen konnten, war, wie ich annehme, eine ständige Qual für sie.*[45] Immer wieder spielten sich kleine Szenen ab, die nur zu deutlich machen, daß Stella unter dieser Last sehr litt. *Kam man zum Beispiel unverhofft in ein Zimmer und überraschte sie dort in Tränen, bemühte sie sich zu unserer peinlichen Bestürzung sofort, sie zu verbergen und über belanglose Dinge zu sprechen, als*

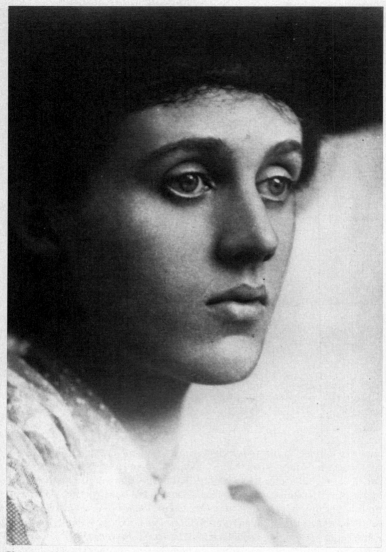

Vanessa, 1903

nähme sie an, daß niemand ihren Kummer verstehen könne.[46] Allerdings blieb die Beziehung zwischen Stella und den Stephens-Mädchen immer distanziert.

Stellas Bruder, George Duckworth, ein Jahr älter als sie, meinte, den Stiefschwestern gegenüber eine Art Vaterrolle spielen zu müssen. Er empfand wohl, wie wenig dies Leslie tat. Der gefühlvolle George hängte sich an Virginia und Vanessa in rührender Umständlichkeit. Er nahm seine Halbschwestern auf Ausflüge mit, brachte sie zu Bett. Und aus einer spielerischen Zuneigung wuchs ein gefährliches erotisches Spiel. Virginia und Vanessa spürten rasch die Grenze, an der die brüderlichen Liebkosungen zu plump-lästigen, ja sogar peinlichen Annäherungen ausarteten. Besonders Virginia litt unter Georges erotischen Spielen, und dies könnte, bedenkt man Virginias Angst und Abneigung gegenüber sexueller Betätigung in ihrem späteren Leben, ein Trauma gesetzt haben. *Ich kann mich noch an das Gefühl erinnern, als seine Hand sich unter meine Kleider schob und sich energisch und ständig immer tiefer vorschob. Ich erinnere mich, wie sehr ich hoffte, daß er aufhören würde, wie ich mich steif machte und wand, als seine Hand näher an meine Geschlechtsteile kam. Aber sie hielt nicht inne. Seine Hand tastete auch meine Geschlechtsteile ab. Ich erinnere mich, daß es mich empörte und abstieß – was ist das richtige Wort für so ein dumpfes und wirres Gefühl? Es muß stark gewesen sein, da es mir noch immer im Gedächtnis ist.*[47]

Eine wohl unmittelbare Folge dieser Episoden war, daß sich Virginia ihres Körpers zu schämen begann. Wenn sie überrascht wurde, wie sie sich im Spiegel betrachtete, empfand sie ein ganz ungemeines Schamgefühl. Gegen Georges erotische Spielereien, die ständig zu eskalieren drohten und selbstverständlich zu werden begannen, wußten die beiden Schwestern wenig zu unternehmen. Damit an die Öffentlichkeit zu gehen, mit Stella oder gar Leslie darüber zu reden, stand überhaupt nicht zur Diskussion. Man mußte kleine Tricks ersinnen, wie man sich möglichst elegant um einen zu nahen und einsamen Kontakt mit George herummogeln konnte.

Leslie ließ das Sommerhaus in St. Ives verkaufen. Ohne Julia wollte er das Meer dort nie mehr sehen. Einen richtigen Ersatz gab es für Talland House nicht mehr, der Aufenthalt 1895 auf der Isle of Wight oder im nächsten Jahr in den North Downs konnte den unvergeßlichen Zauber von St. Ives nicht einholen. Für Virginia, deren Kinderparadies in Talland House lag, war dies ein tiefer Schmerz.

Im Laufe der Zeit waren die Kinder allerdings immer weniger bereit, die Traueratmosphäre weiter zu ertragen und ähnlich wie Leslie dahinzuvegetieren: *Es kam zu einem Konflikt zwischen dem, wie wir sein sollten, und dem, wie wir wirklich waren. Thoby formulierte das. Eines Tages, bevor er ins Internat zurückfuhr, sagte er: «Es ist ja albern, so weiterzumachen ...» Er meinte das Geschluchze und das wehleidige Herumsitzen. Ich war empört über seine Herzlosigkeit; doch ich weiß, er hatte recht. Aber wie sollten wir uns davon freimachen?*[48]

Auf Virginia wirkte diese Zeit weniger günstig. Ohnehin war sie ein introvertierter Typus, sehr empfindlich, verletzlich und beladen mit Minderwertigkeitskomplexen, Ängstlichkeit und Scheu. Dazu kam die Pubertät. In den Jahren 1895 bis 1897 verlor sie sogar zeitweilig den Spaß am Schreiben: Die «Hyde Park Gate News», eine Art Hauszeitschrift der Stephens, hörten auf zu erscheinen, Virginias Tagebuch ruhte. Und damals wurden zum erstenmal die Symptome ihrer späteren Geisteskrankheit sichtbar: eine über die Maßen auffällige Gereiztheit, die damals freilich noch mit pubertärer Aggressivität verwechselt wurde. Schlaflosigkeit, erhöhte Pulsfrequenz, ein auffallend schlechter Appetit. Auch aus der Beziehung zu ihrer Schwester Vanessa ergaben sich Probleme, obwohl sich die Schwestern gut verstanden und es nie wirkliche Konflikte zwischen ihnen gab. Doch Virginia sah sich im Spiegel ihrer Schwester, und das mußte sie ängstigen, denn Vanessa war, was Virginia gerne gewesen wäre: Vanessa, älter, pragmatischer, überhaupt nicht verschlossen, ein unkomplizierter, auf andere von vornherein anziehend wirkender Mensch.

Die nächste entscheidende Änderung im Leben der Stephens kündigte sich an, ein unglaubliches Ereignis. Niemand im Haushalt hätte jemals ernsthaft daran gedacht, Stella könnte sich mit einem Mann einlassen und so plötzlich aus ihrer Mutterrolle für Leslies Familie ausbrechen. *Der eine Bewerber, der sich nun schon seit zwei oder drei Jahren deutlich von andern Bewerbern abhob, war Jack Hills . . . Er war damals ein magerer, eher unscheinbarer junger Mann, der nur durch seine eiserne Entschlossenheit und seine augenfällige Integrität voranzukommen schien und unwillkürlich an einen verbissenen Drahthaarterrier erinnerte; und dessen Hartnäckigkeit und Verbissenheit zu einer Zeit, als alle Zeichen gegen ihn sprachen, etwas Ehrenhaftes zu haben schienen, was auf uns, mit unserer halb kornischen Einstellung zur Rivalität, sogar pathetisch wirkte.*[49]

Jack Hills besuchte die Stephens mit einer Beharrlichkeit, die selbst den Kindern auffiel. Virginias negatives Urteil über seine geistige Brillanz – womit sie seine sprachliche Begabung meinte – ist das eine; das andere: Sie sah sehr wohl, daß er für menschliche Beziehungen ein gutes Gespür hatte. Stella war ihm wichtig, und er hatte rasch begriffen, wie die Dinge im Hause Leslies standen.

Ganz so rasch, wie es Hills wünschte, bekam er Stella allerdings nicht zur Frau. Zweimal wies sie seinen Antrag ab, erst das dritte Mal stimmte sie zu. Die Verlobungsszene war in den Augen der Stephens-Kinder eine sehr geheimnisvolle Angelegenheit. Hills blieb zum Abendessen. Es war wie sonst immer, und dann lief alles anders ab, ganz unerhört. *Stella verließ das Zimmer mit ihm, um ihm den Garten oder den Mond zu zeigen, und schloß energisch die Tür hinter sich. Wir hatten noch gewisse Pflichten zu erfüllen und folgten ihnen bald mit einer Laterne, denn wir hatten die Gewohnheit, nach dem Abendessen Nachtfalter zu fangen. Ein paarmal erblickten wir sie, und immer verschwanden sie hastig um eine Ecke. Ein paarmal hörten wir Stellas Röcke rascheln und einmal auch Geflüster. Doch da der Mond sehr hell schien, waren keine Nachtfalter da. Stella und Jack schienen ins Haus gegangen zu sein, und wir kehrten ins Wohnzimmer zurück. Doch Vater war allein und äußerst unruhig; er blätterte die Seiten um, kreuzte die Beine und sah wiederholt auf die Uhr ... Nach einer Weile sah jemand aus dem Fenster und rief: «Stella und Mr. Hills kommen zusammen den Weg herauf!» Kamen sie Arm in Arm? Wußten wir plötzlich alles, was wir nicht zu vermuten gewagt hatten? Jedenfalls liefen wir in unsere Zimmer, und wenige Minuten später kam Stella herauf, mit entzükkend geröteten Wangen, und erzählte uns – wie glücklich sie sei.*[50]

Leslie stellte sich die ganze Sache gar nicht als eine so gravierende Änderung vor: Stella sollte, jetzt eben mit Hills zusammen, weiterhin unter einem Dach mit ihm leben. Insofern konnte er ihr das Glück schon gönnen, wenn sich für seine Person und den Haushalt nichts änderte.

Aber den beiden Eheleuten ging es bald auf, daß sie sich von Leslie trennen mußten. Jack war dabei die treibende Kraft, aber merkwürdigerweise war es auch Stella sofort klar, daß sie sich nur in einem eigenständigen Haushalt als verheiratete Frau durchsetzen konnte. Einfach war es nicht, Leslie dies beizubringen. Aber auch seine üblichen Reaktionen, das Stöhnen und Lamentieren und die Drohung, er werde das alles nicht verkraften und zugrunde gehen, änderten nichts daran, daß Stella und Hills auszogen, zwar nur ein paar Häuser weiter weg, aber immerhin, es war durchgesetzt. Anfang April 1897 fand die Hochzeit statt. Stella sollte aber nach wie vor den Stephenschen Haushalt mit betreuen.

Ende April 1897 litt Stella an einem Fieber unbekannter Ursache. Es sah ernst aus, aber Anfang Mai schien das Schlimmste überwunden zu sein. Stella ging es wieder besser, aber nur kurze Zeit. Plötzlich kehrte das Fieber wieder, und Stella ging es von Tag zu Tag schlechter. Am Abend des 18. Mai entschlossen sich die Ärzte zu einem Noteingriff. Stella, so vermuteten sie, litte an einer eitrigen Bauchfellentzündung. In der Nacht starb sie.

Leslie hatte wieder einen Menschen verloren, an den er sich hatte klammern könnten, der für ihn das Alltagsleben meisterte. Kaum hatte er Julias Tod verschmerzt und seine Ansprüche auf Stella übertragen und sich an diesen Umstand auch einigermaßen gewöhnt, da stand er wieder vor dem Nichts. Jetzt mußte Vanessa, damals erst achtzehn Jahre alt, die Nachfolge antreten, immerhin eine Aufgabe, die Autorität und Verantwortung erforderte.

Mit Vanessa als Organisatorin des Hausstands war neuer Schwung in das Leben gekommen, doch Leslie war auch noch da, und mit zunehmendem Alter erzeugte er immer größeres Unbehagen im Haus. Dazu kam, daß seine Freunde ebenso älter wurden und starben, daß er einsam wurde, und seine zunehmende Taubheit erhöhte auch nicht das Vergnügen, mit ihm umzugehen. Immer hatte er schon in der geradezu panischen Furcht gelebt, eines Tages würde das Geld nicht reichen. Diese Marotte verstärkte sich nun, und in seiner Hilflosigkeit witterte er überall Fallen und Betrug. Jeden Mittwochabend mußte Vanessa mit ihm die Ausgaben für den Haushalt durchgehen und rechtfertigen. *Wenn die Ausgaben elf Pfund überstiegen, war der Lunch eine Qual. Die Bücher wurden vorgelegt. Stille. Er setzte seine Brille auf – er sah die Zahlen –, und seine Faust sauste auf das Kontobuch herunter. Dann ein Aufheulen, seine Adern schwollen an, sein Gesicht wurde puterrot, und dann brüllte er: «Ich bin ruiniert!» Dann schlug er sich auf die Brust. Er inszenierte ein höchst ausgefallenes Drama des Selbstmitleids, der Wut und der Verzweiflung. Er war ruiniert – dem Tode nah ... das Opfer der rücksichtslosen Verschwendungssucht von Vanessa und Sophie. «Und du stehst da wie ein Stein! Hast du kein Mitleid mit mir? Hast du mir gar nichts zu sagen?» Vanessa stand völlig stumm neben ihm. Er überschüttete sie mit Anwürfen – mit selbstzerstörerischen Drohungen und so fort –, die ihm gerade in den Sinn kamen. Sie blieb unbeweglich stehen. Eine andere Haltung wurde eingenommen. Mit einem tiefen Stöhnen nahm er die Feder zur Hand und schrieb mit gespielt zitternder Hand den Scheck aus. Dieser wurde dann erschöpft Vanessa hingeworfen. Langsam und unter schrecklichem Stöhnen wurden dann Feder und Kontobuch versorgt. Dann sank er in seinen Sessel und saß mit auf die Brust gesenktem Kopf da.*[51]

Virginia war das Verhalten ihres Vaters damals unverständlich. Und sie verzieh es ihm auch nicht. Sie sah, daß er zu Männern ein Ausbund an Freundlichkeit war, daß er es ihnen gegenüber an keiner Höflichkeit fehlen ließ: Doch Frauen behandelte er mit völliger Mißachtung, sie hatten ihre Rolle zu spielen – ihn zu bedauern, ihn zu bemuttern, die Welt um ihn herum in Ordnung zu halten und seine Aggressionen stillschweigend zu erdulden. Von Vanessa hatte Leslie tatsächlich allen Ernstes verlangt, *wenn er traurig sei, müsse sie auch traurig sein; und wenn er ärgerlich werde ... müsse sie weinen*[52]. Für den Viktorianer, und das war Leslie sicherlich trotz seines Intellektualismus in geradezu paradigmatischer Weise, war die Frau eine Sklavin, bei aller rhetorischen Ehrfurcht und Anbetung, wobei sich seine Anbetung mehr auf ein stolzes Inbesitznehmen positiver Eigenschaften wie Schönheit, Klugheit, Gewandtheit, Umsicht und gute Herkunft beschränkte. Letztendlich kannte er als Viktorianer keine Scheu, vor den Frauen jede Reserve aufzugeben und sich derart häßlich aufzuführen. Immerhin aber war Leslie ein gemäßigtes Exemplar des viktorianischen Patriarchen. Und so läßt sich sein Verhalten den Frauen gegenüber doch auch vielleicht aus seiner persönlichen Situation heraus erklären und nicht aus der damals herrschenden Gesellschaftsstruktur. Daß Leslie Frauen sowohl als Abladeplatz seiner üblen Launen brauchte, als auch als Tröster, Bewunderer, Schmeichler liegt für Virginia in Leslies Versagen als Schriftsteller und Philosoph, denn beides war er ihrer Meinung nach nur im Mittelmaß. Und Leslie wußte dies. *Aber in seiner Überzeugung als Viktorianer schämte er sich, Männern sein Bedürfnis nach Mitgefühl einzugestehen.*[53] Und so mußte eben Vanessa als Blitzableiter herhalten; zum Eklat kam es dann, weil Vanessa Leslies Attacken nicht einfach hinnahm, sondern dagegen aufbegehrte. Julia und Stella hatten stumm akzeptiert, was ihnen Leslie entgegenschleuderte. Da brauchte er keinen Zorn, sie waren bedingungslose Sklaven, ja sie bestärkten ihn sogar darin, sie auf diese Weise zu behandeln. Vanessa freilich war nicht mehr aus diesem Holz; sie bot Widerstand, und so war ständig Krach.

Vanessa und Virginia waren sich aber wohl bewußt, daß sie alles in ihrer Macht stehende für Leslie taten, und sie fühlten sich ungerecht behandelt. Es konnte nicht ausbleiben, daß sie ihrem Vater gegenüber langsam Haß empfanden. *Wir machten ihn zum Inbegriff all dessen, was wir in unserm Leben haßten, er war ein Despot von unfaßbarem Egoismus, der die Schönheit und Fröhlichkeit der Toten durch Häßlichkeit und Trübsinn ersetzte. Wir waren bitter und hart und großenteils ungerecht. Und doch scheint es mir selbst heute noch, daß in unserer Anklage ein Körnchen Wahrheit steckte und Grund genug, weshalb beide Teile damals, ohne besonderes Verschulden, nicht imstande waren, zu einem guten Einvernehmen zu kommen.*[54]

Die deprimierenden Lebensumstände allerdings trieben die beiden Schwestern aufeinander zu. *In dieser Welt so vieler Männer, die kamen und gingen, bildeten wir unseren privaten Kern. Da waren wir nun den ganzen Tag allein mit Vater. Abends pflegte dann Adrian von Westminster, dann Jack aus der Lincoln's Inn, dann Gerald von Dent's oder der Henrietta Street, dann George aus dem Post- oder dem Finanzministerium hereinzuschauen, und Thoby war entweder in Clifton oder in Cambridge ... Und deshalb bildeten wir eine kleine Welt innerhalb der großen. Wir hatten ein so enges Bündnis geschlossen, daß alles ... von der gleichen Warte aus betrachtet wurde und das Gepräge unserer eigenen Betrachtungsweise annahm.*[55]

Beherrscht wurden die beiden Schwestern dennoch von Männern, nicht nur von Leslie, sondern nachdrücklicher, subtiler und selbstverständlicher von den beiden Stiefbrüdern, besonders von George. Das war nun kein individuelles Problem mehr, sondern ein typisch gesellschaftliches. Denn: *Zwei verschiedene Zeitalter standen sich im Wohnzimmer in der Hyde Park Gate gegenüber: das viktorianische Zeitalter und das Eduardische.*[56] Leslie konnte man die Art, wie er sich gab, nicht zum Vorwurf machen. Er war 65 Jahre alt, krank und vom Schicksal gebeutelt. Aber die Stiefbrüder George und Gerald, beide rund zehn Jahre älter als Virginia und Vanessa, waren im Grunde noch konventioneller als Leslie. Leslie Stephen war ein Intellektueller. Äußere Formen hatte er schon immer beharrlich ignoriert und sich Zeit seines Lebens darüber hinweg-

33

gesetzt. In seinem Salon verkehrten Gelehrte, Schriftsteller, Politiker. Da war man gewohnt, die Dinge zu hinterfragen. Die Logik kannte keine gesellschaftlichen Konventionen. Dieses Leben sah anders aus als das in den Salons der übrigen Gesellschaft, von der Virginia sarkastisch einmal feststellte: *Ich merkte, wenn man Dinge aussprach, die man dachte, oder irgend etwas sagte, was über das allgemeine Geplätscher hinausging, blieb man mit den Füßen im Leim stecken.*[57] Die Duckworths aber waren keine Stephens und wurden es auch nie. George und Gerald waren für Vanessa und Virginia wirkliche Gegner. *Wir kämpften gegen sie als Repräsentanten einer Ära.*[58] Für die Schwestern lebten Gerald und George im Jahre 1860.

Die Stephens-Mädchen waren als kritische Geister erzogen worden, und dies brachte sie auf Kollisionskurs mit Lebensstil und existentieller Haltung der beiden Duckworths in der Hyde Park Gate 22. Leslie spielte dabei keine Rolle mehr. Das Haus glich jetzt einem Schaufenster, in dem man die viktorianische Gesellschaft mit all ihren Mechanismen studieren konnte. *Wenn es in meiner Macht läge, einen Monat dieses Lebens, wie wir es um 1900 herum geführt haben, herauszuheben, könnte ich einen Teil davon herausziehen und ausstellen wie in einem jener Glasschaukästen, in denen die Lebensgewohnheiten von Ameisen oder Bienen gezeigt werden.*[59] Man muß sich die Oberfläche dieses Lebens klarmachen, um überhaupt zu begreifen, was das Viktorianische Zeitalter konkret bedeutete. Der Tag der Schwestern begann pünktlich um halb neun mit dem Frühstück der Familie. *Adrian schlang seins hinunter, und wer von uns beiden gerade unten war, Vanessa oder ich, begleitete ihn hinaus. Wir blieben vor der Haustür stehen und winkten, bis er um die vorspringende Hauswand der Martins verschwand. Das war noch ein uns von Stella hinterlassenes Vermächtnis – ein Winken der toten Hand, die unter der Familienoberfläche geisterte. Vater verzehrte sein Frühstück seufzend und schnaufend. Kam keine Post, stöhnte er laut, «Alle haben mich vergessen.» Ein langes Kuvert von Barkers löste dann natürlich ein Gebrüll aus. George und Gerald kamen herunter. Vanessa verschwand hinter dem Vorhang. Nachdem das Dinner besprochen war, stürzte sie davon, um den roten Bus zu erwischen, der sie zur Akademie brachte. Wenn Gerald zur gleichen Zeit wegmußte, nahm er sie in seinem täglichen Hansom mit – gewöhnlich die gleiche Droschke; im Sommer trug der Kutscher eine Nelke. Auch George, nachdem er ausgiebiger gefrühstückt hatte – manchmal pflegte er mich aufzufordern, mich auf dem dreibeinigen Hocker zu ihm zu setzen, um mir den Klatsch der gestrigen Abendgesellschaft zu erzählen –, knöpfte dann seinen Gehrock zu, gab seinem Zylinder einen launigen Klaps und verschwand – elegant und heiter begab er sich in seinen gerippten Socken und den sehr schmalen, tadellos geputzten Schuhen ins Finanzministerium. Allein in dem großen Haus zurückgeblieben – Vater hatte sich in sein Arbeitszimmer eingeschlossen, das Hausmädchen polierte die Messingstäbe, Shag schlief auf seiner Matte, und eins der Mädchen machte die Schlafzimmer,*

Thoby

während Sophie, wie ich annehme, an der Hintertür Lebensmittel und Milch von den Händlern entgegennahm –, stieg ich in mein Zimmer hinauf, legte meinen Liddell und Scott aufgeschlagen auf meinen Tisch und setzte mich hin, um Euripides oder Sophokles für meine nächste zweiwöchentliche Griechischstunde bei Janet Case durchzuarbeiten.[60]

Von zehn Uhr ab bis in den Nachmittag hinein hatten Virginia und Vanessa frei. Sie konnten sich eigenen Dingen zuwenden. Vanessa malte oder zeichnete. Virginia machte ihre lateinischen oder griechischen Hausarbeiten. Weiter ging es im Diktat der Gesellschaft gegen halb fünf. *Denn um fünf mußte Vater seinen Tee bekommen, und wir mußten besser und ordentlicher angezogen sein, denn Mrs. Green sollte kommen und*

Mrs. H. Ward, oder Florence Bishop, oder C. B. Clarke, oder ... Wir hatten nett gekleidet am Tisch zu sitzen – entweder sie oder ich – und nichts zu tun, als bereit zu sein, Konversation zu machen.

Der Druck der Gesellschaft wurde jetzt sehr stark. Er erzwang jene «Manieren», die wir beide noch immer an uns haben. Es sind jene Manieren, die sich darin äußerten, daß wir, wenn es an der Haustür klingelte, jeden empfingen, wer immer es auch sein mochte – sagen wir, Ronny Norman. Angenommen, Elsa Bell oder Florence Bishop und Mr. Gibbs trafen im Abstand von zehn Minuten ein, hatten wir irgendwelche Floskeln parat zu haben; wir mußten bereit sein, Vaters Hörrohr zu ergreifen und ihm mitzuteilen, was seinem Verständnis half: wir mußten bereit sein, unsern Teil zu übernehmen – der worin bestand? Keinen Disput und auch keinen Klatsch aufkommen zu lassen. Meiner Meinung nach, ein sehr entschiedenes, definitives «keinen Klatsch»! Der ältere Besucher wurde Vater geopfert: Er bekam einen Stuhl neben ihm und wurde mit dem Trichter des Hörrohrs betraut. Die Unterhaltung war harmloser als jetzt, mit besseren Manieren, über Witze wurde gelacht, Sir Leslie gab ein Stöhnen von sich, seine Gesundheit wurde diskutiert. Wenn Florence Bishop Vater aufzog, pflegte Ronny Norman etwas von einem lustigen Stück oder Bild zu faseln. Ich stürzte mich Hals über Kopf – sagen wir mit Eveline Godley – in ein Gespräch über die Marine; Elsa Bell äußerte, sie erwarte von ihren Brüdern, daß sie die Hüte zum Gruß abnähmen, wenn sie ihr auf der Straße begegneten; Vater war irritiert, Florence Bishop auch, und sie nahm ihre unglückselige Bemerkung zurück – daß er wohl aussehe; Ronny Norman pflegte ihn zu fragen, ob er sich an Mill erinnere; dann taute er auf – denn er mochte Ronny Norman – und erzählte, wie er Mill mit seinem Vater in Chelsea getroffen hatte. «Mein Gott, diese alten Geschichten...» sagte er dann. Das Gespräch hatte schon seine kleinen Steilhänge und Wasserfälle – seine Gefahren, aber es spielte sich doch in ähnlicher Weise ab, und das Ganze wurde von den viktorianischen Manieren zusammengehalten. Sie mochten für Ronny Norman, für Eveline Godley und Miss Bishop ganz natürlich sein, aber für Vanessa und mich waren sie es eben nicht. Wir erlernten sie. Wir lernten sie teils aus der Erinnerung – und Mutter hatte diese Art –, teils lernte man sie von seinem Gegenüber: Wenn Ronny Norman etwas in einer bestimmten Weise sagte, mußte man im gleichen Stil antworten. Nie brach jemand die Konvention. Hörte man dem zu wie ich, war es, als verfolgte man ein Spiel. Man mußte nur die Regeln kennen. [61]

Dieses Spiel befriedigte Virginia und Vanessa nicht mehr. Sie hungerten nach etwas anderem, das sie freilich noch nicht kannten, weil es das bisher nicht gab. Vielleicht wünschten sie sich, ein wenig so sein zu dürfen wie die jungen Männer, beispielsweise wie Thoby in der akademischen Gesellschaft von Cambridge. Wahrscheinlich drang schon einiges aus Thobys Erzählungen von jener ganz anderen Art, die eine geistige Auseinandersetzung bedeutete, an Virginias und Vanessas Ohren – im Gegensatz zu der aufgeblasenen, leeren Welt, in der sich Frauen aus gutem Hause zu bewegen hatten.

Virginia und Vanessa blieb vorerst nur, sich in reinen Äußerlichkeiten von dieser hohlen Gesellschaftsform abzusetzen, die sie nicht akzeptieren konnten. Das zeigte sich in Nuancen, die ihnen aber um so wichtiger waren, weil sie damit unmittelbare Wirkung hervorrufen konnten – bei George, der die beiden Mädchen in Räson halten zu müssen glaubte, vor allem um die eigene Reputation und Karriere nicht in Gefahr zu bringen. Tagsüber taten die Schwestern, was man von einer Frau erwartete. Bevor der Abend begann, ging es in die Zimmer nach oben, wo sie sich umzogen. *Hals und Arme mußten geschrubbt werden, denn wir hatten um 8 Uhr im dekolltierten und ärmellosen Abendkleid im Salon zu erscheinen. Kleid und Frisur wurden weit wichtiger als Bilder und Griechisch.*[62] Und der Schwestern Protest? Ein Beispiel: Virginia, ohnehin knapp bei Kasse, hatte sich ein Abendkleid aus einem billigen Stoff aus einem Möbelstoffladen fertigen lassen, anfangs eigentlich kaum reflektiert und aus Desinteresse an der Mode. Das Kleid geriet rasch zum Politikum. *Herunter kam ich also in meinem grünen Abendkleid. Im Salon brannten alle Lampen, und dort saß George im Sessel beim Feuer, im Smoking, mit schwarzem Binder. Er fixierte mich mit diesem unheimlich kritischen Blick, mit dem er Kleider anzuschauen pflegte. Er musterte mich von oben bis unten, als wäre ich ein Pferd, das man zur Rennbahn führt. Dann nahm sein Gesicht diesen gequälten Ausdruck an, einen Ausdruck, in dem man nicht nur ein ästhetisches Mißfallen, sondern etwas Tiefergehendes spürte: Moralisch und sozial witterte er eine Art Revolte und Ablehnung der gesellschaftlichen Formen. Ich wurde von viel mehr Gesichtspunkten her kritisiert, als ich analysieren kann, während ich, im Bewußtsein dieser Kritik und im Bewußtsein von Furcht, Scham und Verzweiflung, dort stand – «Geh hinauf und zerreiß es», sagte er schließlich in diesem merkwürdig schnarrenden, angewiderten Tonfall, der sein tiefes Mißfallen über diesen Verstoß gegen einen Kodex ausdrückte, der ihm mehr bedeutete, als er zugeben wollte.*[63]

George war ein Alptraum für Virginia, *denn er akzeptierte die viktorianische Gesellschaft so bedingungslos, daß er für einen Archäologen von größtem Interesse gewesen wäre. Wie ein Fossil hatte er jede Falte und jede Kerbe der Konvention von 1890/1900 angenommen.*[64] Virginia begriff etwa, daß ihr grünes Kleid für George nichts anderes darstellte als eine leibhaftig gewordene Kritik an seinen Attitüden. Darauf zu beharren erlaubte sie sich nicht. *Und ich gestehe zu meiner Schande – ich zog das Kleid nie mehr an, wenn George zu Hause war.*[65] Man darf sich George nicht als einen Tyrannen von der Spezies Leslies vorstellen, er war *ein dummer, gutmütiger junger Mann mit überschwenglichen, schnell wechselnden Gefühlen.* Die Natur habe ihn, so folgerte Virginia, *mit einem Übermaß an animalischer Vitalität versorgt,* dann *aber versäumt, ein gut funktionieren-*

des Gehirn als Kontrollorgan einzusetzen[66]. Ein Mensch, der sich so nur vom Gefühl leiten läßt, läuft leicht aus dem Ruder. *So erlaubte er sich unter dem Deckmantel der Selbstlosigkeit Handlungen, die ein differenzierterer Mensch tyrannisch genannt hätte; und zutiefst von der Reinheit seiner Liebe überzeugt, benahm er sich nicht besser als ein Rohling.*[67] Gerald, obwohl wie sein Bruder ein eindeutiges Produkt seiner Gesellschaft, verkörperte deren Werte nicht ganz so evident wie George. Virginia hielt ihn für den intellektuelleren der beiden und kam mit ihm auch ein wenig besser aus.

Unten im Haus herrschte die reine Konvention – damit meinte Virginia die offizielle Seite des Familienlebens, den Verkehr mit Freunden und Bekannten –, *oben der reine Intellekt*: die Zimmer der Geschwister, deren Beschäftigung, Vanessas Malen, Virginias Schreiben, ihre Gespräche,

Thoby mit dem Vater

ihre kritischen Anmerkungen, die Spötteleien über das Unten, ihre Träume. Und die bittere Erkenntnis: *Aber es gab keine Verbindung zwischen den beiden.*[68] Immer stärker wurde der Wunsch, diese Divergenz zu beseitigen. Leute wie Symonds, Haldane, Watts, Burne-Jones, Henry James, Meredith, Sidgwick verkehrten nicht mehr in Hyde Park Gate 22. Diese illustre Zeit war mit Leslies Alter dahin. Auch Adrian und Thoby konnten nichts an der geistigen Öde zu Hause ändern, sie waren in ihren akademischen Kreisen integriert, aber immerhin kam über ihre Erzählungen hier und da ein Funke über, der die Begierde, auch da miteinbezogen zu sein, *ganz weit in der Ferne*[69], nur noch mehr anfachte. Virginia und Vanessa blieb eigentlich nur das vorherrschende gesellschaftliche Leben in London, und das ödete beide an. Virginia an eine Freundin: *Ich ging vergangene Woche zu einem Tanzvergnügen, aber ich glaube, die unerforschliche Vorsehung hat mir ein anderes Schicksal bestimmt. Adrian und ich tanzten (zu einer Polka!) Walzer, und Adrian sagte, er begreife nicht, wie jemand so idiotisch sein könne, am Tanzen Spaß zu finden ...*[70] Virginia fand die Gesellschaft immer widerwärtiger. Vielleicht wäre es ihr leichter gefallen, sich in den Salons bei abgedroschenen Reden zu bewegen, wenn sie wie andere junge Frauen nach einem Mann Ausschau gehalten hätte. Aber daran dachte sie nicht einmal, zumal ihr ihre Erfahrungen mit Männern wenig Appetit gemacht haben dürften: der tyrannische Vater, der schwache Jack Hills und schließlich George mit seinem inzestuösen Verlangen, einer stupiden Karrieresucht und seinem Anpassungswahn. Aber Virginia pflegte sehr angenehme Beziehungen zu ein paar Frauen. Da war einmal Kitty Maxse, deren Familie – die Lushingtons – mit Julias Familie länger bekannt war. Sie stellte eine etwas mondäne Erscheinung dar, kinderlos, mütterlich. Durch sie gelangten Virginia und Vanessa in einen ungezwungeneren, natürlicheren Kreis. Die andere war Violet Dickinson, eine Freundin Stellas, die sich nach deren Tod um die Stephens-Mädchen kümmerte.

Sir Leslie war krank; Krebs, sagten die Ärzte und gaben ihm noch ein halbes Jahr. Das war Ende 1902. Leslie wurde operiert und überstand den Eingriff. Die Krankheit breitete sich mit noch tödlicherer Langsamkeit aus. Der Tod ließ sich aber Zeit. Die Kunde vom bevorstehenden Ableben Leslies brachte viele Besucher ins Haus, vor allem – zum Leidwesen der Schwestern – viele Verwandte. Am 22. Februar 1904 schloß Leslie die Augen; ein langer Tod.

Bloomsbury

Leslie Stephen war tot. Es war kein plötzliches Ereignis, man hatte damit seit Wochen gerechnet; man sehnte sogar unverhohlen diesen Zeitpunkt herbei, denn es mußte die Erlösung sein. Virginia und ihre Geschwister hatten genug Zeit, sich an den traurigen, düsteren Tagen, wie etwa am letzten Weihnachtsfest oder an Neujahr 1903 darüber Gedanken zu machen, wie es nach dem Tod des Vaters weitergehen sollte. Das Haus in Kensington planten sie aufzugeben; es war zu teuer und zu unwirtlich: Die Vergangenheit hockte zu hartnäckig in jedem seiner Winkel. Doch auch Leslies Tod machte Virginia nicht fröhlicher. Sie warf sich jetzt vor, sich dem Vater gegenüber nicht freundlicher und hingebungsvoller verhalten zu haben.

Adrian und Thoby entschlossen sich, Virginia aus ihrem Grübeln zu reißen. Die Geschwister reisten nach Wales, dann auf den Kontinent, nach Italien und Frankreich. In Paris lernte Virginia eine ganz andere Lebensart kennen, leicht und gewissenlos. Mit Erstaunen stellte sie fest, wie Freiheit aussehen konnte. Die Reise, die recht strapaziös war, endete für Virginia in einem Desaster. Mit Kopfschmerzen und Herzbeschwerden fing es an und steigerte sich zu Alpträumen. Virginia hörte Stimmen, beschimpfte ihre Schwestern, tobte, weigerte sich zu essen und – man hatte sie vorsorglich unter die Obhut Violet Dickinsons in Hertfordshire gebracht – versuchte, sich dort aus dem Fenster zu werfen. Die Höhe reichte allerdings nicht aus, sich ernsthaft zu verletzen. Virginia träumte von Eduard VII., der sie mit ordinären Sprüchen beschimpfte, oder sie hörte die Vögel in den Bäumen griechische Chöre singen. Sie magerte ab. Dieser Wahnsinn dauerte den ganzen Sommer über, verebbte dann aber; Kopfweh und neuralgische Schmerzen im ganzen Körper blieben noch Wochen zurück. Wieder einigermaßen hergestellt, schrieb sie am 26. September 1904 über diese Zeit an Violet Dickinson. *Wenn es einen Gott gäbe, würde ich ihn preisen dafür, daß er mich von dem Elend der vergangenen sechs Monate erlöst hat. Du kannst Dir nicht vorstellen, wie freudig ich jetzt jede Minute meines Lebens genieße. Ich bete nur noch darum, daß ich jetzt siebzig Jahre alt werde. Vielleicht bin ich dann endlich nicht mehr so selbstsüchtig und anmaßend und bringe etwas mehr Verständnis auf für die Sorgen anderer. Der Kummer um meinen Vater, wie ich ihn jetzt emp-*

Violet Dickinson

finde, hat etwas Besänftigendes und macht das Leben, wenn schon trauriger, so doch auch begehrenswerter.[71]

In London sollte Virginia während des Umzugs nicht bleiben. Alle Hektik und Aufregung hätten sie nur erneut gefährdet, und die Kranke wäre keinem eine Hilfe gewesen. Vanessa und Thoby brachten Virginia zu einer Tante nach Cambridge, wo Adrian gerade studierte. Vanessa packte inzwischen mit Umsicht den Umzug an, ein gewaltiges Werk, denn zuerst mußte der Stephens-Haushalt in der Hyde Park Gate 22 aufgelöst werden. Bis alle Räume leer standen, war vieles zu tun. Vanessa sortierte aus, was in das neue Haus am Gordon Square in Bloomsbury aufgenommen, was verkauft oder einfach verschenkt, weggeworfen, verbrannt werden sollte. Alle Möbel brauchte man gar nicht mehr, denn der neue Haushalt hatte sich stark verkleinert: Jack Hills war in die Politik gegangen, die schwachsinnige Thackeray-Enkelin war in eine geschlossene Anstalt eingewiesen worden, Gerald zog in eine Junggesellenwohnung am Berkeley Square und George war verheiratet.

Warum zogen die Stephens nach Bloomsbury? Es ist das Areal, das im Osten die Tottenham Court Road als Grenze hat, im Norden die New Oxford Street, im Westen Gray's Inn Road und im Süden die Euston Road. Bloomsbury war damals keine gute Adresse; die Stephens-Kinder sollten das bald an den Reaktionen und abfälligen Bemerkungen der Verwandtschaft merken oder einfach daran, daß man dem neuen Haus fernblieb. Für eine gewisse Gesellschaftsschicht war Bloomsbury aber attraktiv, für Intellektuelle, Künstler, Schriftsteller, Journalisten, Maler, Studenten, kurz für Bohemiens und solche, die sich dafür hielten. Die Mieten waren billig. Und ruhig war es auch, leider aber auch etwas schäbig. Dafür konnte man sich wohl fühlen; man lebte unter seinesgleichen. Man pflegte Liberalität, ohne davon groß zu reden. Es war in Bloomsbury beispielsweise möglich, daß eine kleine Kommune lautstark für freie Liebe warb. Außerdem lag das Britische Museum mit seinem Lesesaal ganz in der Nähe, ebenso nur einen Steinwurf weit entfernt die Fleet Street mit ihren Zeitungsredaktionen, sehr passend für die, die sich schreibend das Brot verdienten. Die Stephens hatten eher zufällig nach Bloomsbury gefunden: *Nachdem Vanessa auf einem Londoner Stadtplan festgestellt hatte,* schrieb Virginia, *wie weit weg die andern (die Familienmitglieder, die sich inzwischen von dem Stephens-Kern gelöst hatten) wohnten, hatte sie beschlossen, Kensington zu verlassen und in Bloomsbury ein neues Leben zu beginnen.*[72] Natürlich war Vanessa bekannt, welchen Ruf Bloomsbury genoß, aber gerade das mochte sie, vielleicht in Erinnerung an das herrliche Leben in Paris, mit dazu bewogen haben, sich für Bloomsbury zu entscheiden.

Virginia zog in das Haus am Gordon Square 46 erst ein, als alles fertig eingerichtet war. Nicht einmal einen Abschied von der Hyde Park Gate gab es, und vermutlich tat dies Virginia nicht einmal besonders leid. Dieses Haus war ihr inzwischen zum Alptraum geworden. *Wenn ich an das Haus zurückdenke,* schrieb sie in den zwanziger Jahren, *scheint es so übervoll von Szenen des Familienlebens – grotesken, komischen und tragischen, von den heftigen Emotionen der Jugend, von Rebellion, Verzweiflung, berauschendem Glück, ungeheurer Leere, von Abendgesellschaften mit Berühmtheiten und Durchschnittsmenschen; von wiederkehrenden Wutausbrüchen, von George und Gerald, von Liebesszenen mit Jack Hills, von leidenschaftlicher Liebe zu meinem Vater, die mit leidenschaftlichem Haß abwechselte – alles bebte und vibrierte in einer Atmosphäre jugendlicher Verworrenheit und Wißbegierde –, daß mir die Erinnerung daran die Kehle zuzuschnüren scheint ... Und dann plötzlich, eines Nachts, verschwanden beide.*[73]

Das Haus Gordon Square 46 zeigte sich in hellen, freundlichen Tönen. Es war weiträumig; die Fenster ließen viel Licht herein; alles strahlte Hei-

Violet Dickinson und Vanessa, 1903

terkeit aus. Platz gab es genug; man mußte sich nicht wie früher zusammenzwängen, außerdem lebten hier jetzt auch sehr viel weniger Menschen als einst. *Wenn man den Platz heute sieht,* schwärmte Virginia, *ist er keineswegs der reizvollste der Bloomsbury Squares. Er hat weder die Vornehmheit des Fitzroy Squares, noch das Imposante des Mecklenburgh Squares. Er ist wohlhabende Mittelklasse und ausgesprochen mittelviktorianisch. Doch ich kann Euch versichern, daß er im Oktover 1904 der schönste, der reizvollste, der romantischste Platz der Welt war. Erst einmal war es schon wunderbar, am Salonfenster zu stehen und in alle diese Bäume hineinzuschauen, den Baum anzuschaun, der seine Äste in die Luft hinaufschießt und sie dann in Kaskaden herunterfallen läßt; den Baum, der nach einem Regen wie der Körper eines Seehunds glänzt – statt die alte Mrs. Redgrave gegenüber zu beobachten, wenn sie sich den Hals wäscht. Die Helle und die Luft waren nach dem schweren roten Dunkel in der Hyde*

43

Park Gate eine Offenbarung. Dinge, die man in dem Dunkel dort nie gese-
hen hatte – Bilder von Watts, holländische Vitrinen, blaues Porzellan –,
kamen im Salon am Gordon Square zum erstenmal zur Geltung. Nach der
gedämpften Stille der Hyde Park Gate war der Verkehrslärm tatsächlich
beängstigend. Merkwürdige, finstere, ungewohnte Typen lungerten herum
und schlichen an unseren Fenstern vorbei . . .[74] Vanessa hatte das Haus von
unten bis oben renovieren lassen. Es roch wochenlang nach frischer
Farbe. *Selbstverständlich war die Watts-Venezianer-Tradition von rotem*
Samt und schwarzer Farbe aufgegeben worden – wir befanden uns in der
Epoche Sargent-Furse: Überall weiß und grüner Chintz, und anstelle der
Morris-Tapeten mit ihren verschlungenen Mustern, tünchten wir unsere
Wände einfach weiß.[75] Es sollte auch alles anders werden, das ganze Le-
ben. Den Stephens ging es um eine neue Haltung dem Leben gegenüber:
Wie man sich den Tag einteilte, was man tat, worauf man Rücksichten
nahm. *Wir waren entschlossen, zu malen, zu schreiben, nach dem Abend-*
essen Kaffee, statt um neun Tee zu trinken.[76] Es ging im Grunde um die
Freiheit, die radikale Abkehr von dem, was man gestern tat: tun mußte,
weil es das Gesetz, die Sitte, die Umwelt diktierte. *Alles mußte neu, alles*
mußte anders sein. Alles wurde ausprobiert.[77] Dies war die erste Reaktion
auf die totale gesellschaftliche Unterdrückung bis zu diesem Zeitpunkt.
Die Stephens-Kinder konnten am Gordon Square für sich leben, schalten
und walten, wie es ihnen als richtig erschien. Es gab keinen Gerald mehr,
der Vorschriften erließ, keinen George, der den beiden Mädchen ins
Schlafzimmer nachstellte und ebensowenig die Phalanx der dienstbaren
Geister, die in der Hyde Park Gate im Haus herumschlichen und tausen-
derlei Dinge betrieben. Am Gordon Square war man unter sich. *Für einen*
Haushalt sorgen zu müssen, dessen Mitglieder so ziemlich gleichaltrig sind,
ist geradezu ideal. Es macht alles leichter; das Problem, auf die einander
entgegengesetzten Wünsche verschiedener Generationen Rücksicht neh-
men zu müssen, besteht nicht mehr.[78] Gleichzeitig begleitete Virginia aber
immer der Gedanke, dieses harmonische Miteinander könnte plötzlich zu
Ende gehen, und passieren konnte dies jederzeit. *Ich fürchte jeden Tag,*
zu hören, daß Thoby sich verliebt hat![79]

Mit Bloomsbury fielen nun keinesfalls sämtliche moralischen Schran-
ken. «Man probte nicht den Aufstand, aber man probierte die Verwand-
lung», schrieb Petra Kipphoff. «Man wechselte die Häuser, die Ge-
schlechter, die Rollen. Man war albern und todernst und sehr gescheit.
Alles war erlaubt, außer Dummheit, Stilbruch, Halbherzigkeit.»[80] Virginia konnte nicht auf einen Schlag aus ihrer Haut heraus. Sie blieb, was sie
bislang war: schüchtern, scheu, schweigsam, und in der ersten Bloomsbury-Zeit vielleicht sogar noch eine Spur zurückhaltender, ängstlicher,
wenn sie im Hintergrund und beinahe etwas atemlos dem intellektuellen
Pingpongspiel von Thobys Freunden folgte. In diesem Zusammenhang
sollte man sich an ihre mangelhafte und beinahe willkürlich zusammenge-

Vanessa, 1906

Saxon Sydney-Turner, um 1920

stückelte Schulbildung erinnern. Virginia las mehr denn je, um im Kreis der gescheiten Freunde mitreden zu können. Die Freiheit, die sie und ihre Schwester meinten – auch die weltgewandtere Vanessa schlug nicht in dem Maße über die Stränge, wie man das nach den Freiheitsproklamationen der Schwestern vermuten könnte –, war eine sehr bescheidene. Man war endlich unter sich, hatte den organisatorischen und finanziellen Ballast des Hauses mit seinen -zig Dienstboten vom Hals und die schreckliche Verwandtschaft vom Leib und mußte sich nicht mehr dauernd anhören, was man tun und lassen durfte. Freilich: Die beiden Schwestern und Thoby taten kaum etwas, das wirklich gegen den bestehenden viktorianischen Moralkodex verstoßen hätte.

Für die Geschichte des Bloomsbury-Zirkels, jenes legendären Freundeskreises der Stephens, war der 16. Februar 1905 schicksalhaft. An diesem Tag, einem Donnerstag, hatte Thoby seine Freunde aus Cambridger Tagen nach Gordon Square eingeladen. Es kam nur ein Gast, Saxon Sydney-Turner, den Virginia so charakterisierte: *Thobys Erzählungen nach konnte Sydney-Turner die ganze griechische Literatur auswendig. Es gab praktisch nichts in allen möglichen Sprachen, was irgendwie gut war, das er nicht gelesen hätte. Er war sehr still und dünn und merkwürdig. Tagsüber ging er nie weg. Aber spät am Abend, wenn er noch bei jemand Licht brennen sah, kam er und klopfte wie eine Motte ans Fenster. Gegen drei Uhr morgens begann er zu reden. Was er dann sagte, war von erstaunlicher Brillanz.*[81] Am 2. März 1905 kam außer Sydney-Turner noch Lytton Strachey zu Thobys Donnerstagabendtreffen. Auch Virginia und Vanessa hatten sich dazugesellt, neugierig auf Horchposten. Man saß bis nach Mitternacht zusammen und redete und dazwischen wurde viel geschwiegen – erstaunlich viel und selbstverständlich geschwiegen: Dies verwunderte Virginia am meisten, denn sie kannte die alte Spielregel, in einer Gesellschaft die Konversation unter allen Umständen in Fluß zu halten, was immer man auch sagte, um ja keine peinliche Stille aufkommen zu lassen. Und hier schwieg man einfach, saß da, rauchte Zigaretten.

Lytton Strachey, 1917

Von Donnerstag zu Donnerstag kamen immer mehr Bekannte, Freunde. *Am 23. März erschienen neun Personen zu unserem Abend und blieben bis eins*[82], vermeldet Virginias Tagebuch lakonisch. Das Haus der Stephens bot plötzlich einer kleinen Gruppe von Gleichgesinnten einen zwanglosen, angenehmen Aufenthalt, um zusammenzusitzen, nachzudenken und zu debattieren.

Der Kern des Bloomsbury-Kreises waren Thoby und seine vier Freunde Clive Bell, Lytton Strachey, Sydney-Turner und Leonard Woolf. Freunde waren sie zufällig geworden: 1899 begannen sie am Trinitiy College in Cambridge zu studieren, und so fanden sie als Studienanfänger zusammen und trafen sich jede Samstagnacht in Clives Räumen in New

Virginia mit Clive Bell, 1911

*Leonard Woolf
und Adrian Stephen*

Court. Es waren gegensätzliche Charaktere, aber jeder ein Wunder für sich. Strachey, so Virginia, *hatte französische Bilder in seinem Zimmer. Er hegte eine Leidenschaft für Pope. Er war exotisch, in jeder Hinsicht extrem. Thoby beschrieb ihn als so lang, so dünn, daß sein Oberschenkel nicht dicker war als Thobys Arm ... Er war ein Wunder an Witz. Sogar die Tutoren und Dons kamen, um ihm zuzuhören. Welche Note sie Ihnen auch geben, hatte Dr. Jackson gesagt, als Strachey gerade eine Prüfung bevorstand, sie wird nicht gut genug sein.*[83] Clive Bell galt als brillanter Reiter und Schütze, außerdem sagte man ihm ein Faible für Frauen und die Malerei nach. Für Virginias Geschmack war er *eine Mischung von Shelley und einem sportlichen Landedelmann*[84]. Leonard Woolf erschien in Bloomsbury nur ein einziges Mal, vor seiner Abreise nach Ceylon. Außer dem engen Freundeskreis von Thoby tauchten noch weitere Gesichter auf, so Desmond MacCarthy, ein hübscher Mann mit sprühendem Geist und Witz, hoch talentiert. Man setzte auf ihn, hielt ihn für den kommenden Romancier des zeitgenössischen englischen Romans. Daß er ein schlampiger Charakter war, sah man ihm komischerweise gerne nach. Er war ein Mensch, der auch in der wütendsten Debatte noch Ruhe und Ausgleich zu schaffen verstand. Weitere regelmäßige Gäste waren Walter Lamb, Robin Mayor, Jack Pollock, Hilton Young, Ralph Hawtrey. Frauen allerdings gab es keine – außer Virginia und Vanessa, notwendigerweise, denn sie spielten neben Thoby mit die Gastgeberrolle. Bloomsbury war ganz selbstverständlich eine Männergesellschaft. Auf Frauen nahm man keine Rücksicht, und die beiden Schwestern akzeptierten dies dankbar.

Die Donnerstagabende hatten ein weitgespanntes Umfeld neuartiger gesellschaftlicher Aktivitäten zur Folge. Vanessa und Virginia waren pausenlos beschäftigt, *zum Lunch und zum Dinner* auszugehen, *in Buchhandlungen herumzustöbern*[85], abends standen Konzerte auf dem Programm, Vernissagen, Teebesuche im Salon, ein Hin und Her, unzählige Leute schien man zu kennen, kaum eine Minute hatte man für sich allein: Bloomsbury in full swing. Virginia: *Heute nachmittag kamen Vetter Henry Prinsep, Miss Millais, Ozzie Dickinson und Victor Marshall, und alle blieben so lange, daß wir gerade noch soviel Zeit hatten, um dann in aller Eile zu einem Vortrag von Mr. Rutter über Impressionismus in der Grafton-Galerie zu gehen ... Lady Hylton, V. Dickinson und E. Coltman kamen zum Tee. Wir haben mit den Shaw Stewarts geluncht und einen Kunstkritiker namens Nicholls kennengelernt. Sir Hugh schien nett zu sein, aber sonst ist nicht viel mit ihm los ... Ich hatte Lunch mit den Protheros und habe die Bertrand Russells kennengelernt. Es war sehr amüsant. Thoby und ich haben mit den Cecils zu Abend gegessen und gingen dann noch zu den St. Loe Stracheys, wo wir viele Leute kannten ... Ich habe Nessa und Thoby bei Mrs. Flower abgeholt, und wir gingen zu einem Ball bei den Hobhouses.*[86]

Neu an diesen Abenden war die Selbstverständlichkeit, mit der man sich bei Kaffee, Whisky und Rosinenbrötchen zusammensetzte und dabei auf eine gute Garderobe – *wir trugen keine weißen Seidenkleider und keine Seedperlen* – verzichtete, ja überhaupt nicht daran dachte, sich umzuziehen. Die jungen Männer, die Thoby angeschleppt hatte, besaßen für solche Äußerlichkeiten kein Sensorium. Virginia empfand sie sogar als *schmuddelig*[87]. Die Stephens-Schwestern hörten auch nie ein Kompliment, wie das in den Hyde Park Gate-Gesellschaften zum guten Ton gehörte. Am Gordon Square war es völlig egal, was sie trugen. Und Virginia und Vanessa richteten sich danach und ignorierten das alte Kleiderritual. In diesem Kreis drehte es sich um geistige Positionen, nicht um fades Partygeschwätz.

Sie kamen unsicher und zögernd herein und ließen sich stillschweigend in den Sofaecken nieder. Lange Zeit sagten sie gar nichts. Keine unserer alten Konversationseinleitungen schien zu helfen. Vanessa und Thoby und

Clive – wenn Clive anwesend war; denn Clive war jederzeit bereit, sich für die Sache der Unterhaltung zu opfern – schnitten verschiedene Fragen an. Doch die Antworten waren fast immer negativ. «Nein», war die häufigste Antwort. «Nein, ich habe es nicht gesehen.» – «Nein, ich war nicht dort.» Oder einfach: «Ich weiß nicht.» Die Unterhaltung schleppte sich in einer Art dahin, die im Salon in der Hyde Park Gate unmöglich gewesen wäre. Dennoch war das Schweigen zwar bedrückend, aber nicht langweilig. Der Standard dessen, was Wert hatte, gesagt zu werden, schien derartig hoch zu sein, daß es besser war, ihn nicht durch wertloses Gerede herabzumindern. Wir saßen da und schauten zu Boden. Da schließlich gebrauchte Vanessa – die vielleicht gesagt hatte, sie habe einen Film gesehen – unvorsichtigerweise das Wort «Schönheit». Auf das hin hob einer der jungen Männer langsam den Kopf und sagte: «Es kommt ganz darauf an, was Sie unter Schönheit verstehen.» Im Nu spitzten wir alle die Ohren. Es war, als sei der Stier endlich in die Arena gelassen worden.

Der Stier konnte die «Schönheit», konnte das «Gute», konnte die «Realität» bedeuten. Was immer seine Bedeutung, es war eine abstrakte Frage, die jetzt unsere ganze Denkfähigkeit herausforderte. Nie wieder habe ich in einem Gespräch jeden Schritt und Halbschritt so angestrengt verfolgt. Nie wieder war ich so darauf versessen, meinen eigenen kleinen Pfeil zu schärfen und abzuschießen. Und welche Freude war es dann, wenn der Beitrag Anerkennung fand. Kein Lob hat mich mehr beglückt als Saxons Worte – und war nicht Saxon sowieso unfehlbar? –, daß er fände, ich hätte sehr klug argumentiert.[88] Für Virginia waren diese Erlebnisse eine Offenbarung. *Der wunderbare Abend war abgeschlossen, man konnte ins Bett taumeln und das Gefühl haben, daß sich etwas sehr Wichtiges ereignet hatte.*[89]

Das Schweigen im Bloomsbury-Kreis war gewissermaßen ein Programm und hatte seine Wurzeln in der Tradition der Apostel. Diese Gesellschaft war 1820 in Cambridge gegründet worden, in der Art eines Geheimbundes. Offiziell gaben ihre Gründer ihr den hochtrabend klingenden Namen The Cambridge Conversazione Society. Es war ein exklusiver Bund, der jedes neue Mitglied einem sorgfältigen Auswahlritual unterwarf. Die Besten der Besten waren gerade gut genug. Die Apostel schauten sich um, welcher Student gerade eine besonders glänzende Examensarbeit geschrieben oder sonstwie mit einer besonderen Leistung brilliert hatte. Einen solchen Kandidaten lud man auf einen Spaziergang oder zum Tee ein und unterhielt sich zwanglos mit ihm, immer aber mit dem Hintergedanken, ob er sich nicht als neues Mitglied eignen könnte. Man traf sich jeden Samstag. Bei Tee und Sardellentoast hockte man am Kamin. Einer hielt einen Vortrag, dessen Thema im voraus bestimmt war, und dann wurde offen und hart debattiert. Es ging um schöngeistige Themen, um Literatur und Philosophie, und eigentlich um die Frage nach dem Wesen der Wahrheit. Tabus existierten keine, alles konnte und mußte angesprochen, aufgedeckt, durchdacht werden. Die Apostel übten sich mit erstaunlicher Rigorosität in absoluter Gedankenfreiheit, was man sich in einer solchen verschworenen Gemeinschaft auch erlauben konnte; das strenge Auswahlverfahren garantierte, daß sich nur wirkliche Apostel am Kamin scharten, die alle wie ein Mann die Spielregeln der Gesellschaft akzeptierten.

G. E. Moore, Philosophieprofessor, Verfasser der «Principia Ethica» (1903) und Begründer der analytischen Philosophie, avancierte um die Jahrhundertwende zum Hausphilosophen der Apostel. Er lehrte einen extremen Rationalismus und forderte in der Praxis des Denkens konsequent exakt formulierte Fragen und eindeutige Aussagen. Wer nichts Wesentliches mitzuteilen hatte, so G. E. Moore, sollte besser schweigen. An dieses Prinzip hielten sich die meisten Apostel, und daher rührte auch das Schweigen im Salon am Gordon Square. Der Umgangston war sarkastisch, man schwankte zwischen Scherz und Ernst. Die Apostel waren

Virginia, um 1911

Leonard Woolf mit G. E. Moore

eine reine Männergesellschaft. Frauen wurden überhaupt nicht in Betracht gezogen. In diesem Zusammenhang ist auch noch ein Wort über die latente Homosexualität der Apostel am Platz. Moore selbst war kein Homosexueller, aber seine Philosophie ließ sich als Rechtfertigung homosexueller Beziehungen verwenden.

Mit Virginia und Vanessa kamen durch die Hintertür zwei Frauen in den Bloomsbury-Ableger der Apostel. Virginia begriff bald, warum die Apostel in Bloomsbury auf das übliche Ritual zwischen den Geschlechtern verzichteten: Eben weil die meisten der Apostel mit Frauen nichts im Sinn hatten. *Die Gesellschaft von Homosexuellen hat viel Vorteile – wenn man eine Frau ist. Sie ist ungekünstelt, sie ist ehrlich, sie gibt einem in mancher Hinsicht, wie ich bemerkt habe, das Gefühl der Unbekümmertheit.* Virginia verschweigt sich aber auch nicht den Nachteil: *Mit Homosexuellen kann man, wie die Krankenschwestern sagen, nicht renommieren. Etwas muß immer verschwiegen, zurückgedrängt werden. Dabei ist doch diese Art von Renommieren, die nicht notwendigerweise etwas mit Ins-Bett-Gehen oder gar Liebe zu tun haben muß, eins der größten Vergnügen, ein Hauptbedürfnis im Leben.*[90]

Virginia war dankbar, daß Bloomsbury sie aufgeweckt hatte und sie sich als gleichwertigen Partner entdecken und erproben konnte. Daß sie eine Frau war, zählte hier nicht, nur: daß sie geschliffenen Argumenten ebensolche entgegnen konnten. Als sie dies aber einmal begriffen hatte, kam sie auch schnell dahinter, daß die Freunde in ihrem Salon nicht immer mit offenen Karten spielten und sich in einer bestimmten Hinsicht sogar erstaunlich verkrampft und unwahr verhielten. Eine wichtige Spielregel der Apostel verlangte rigorose Offenheit. In Bloomsbury pflegte man aber unausgesprochen ein Tabu: Über Sexualität wurde nicht gesprochen; um dieses Thema schlich man sich wie die Katze um den heißen Brei. Virginia erkannte, *daß die Abstraktheit, die Einfachheit, die nach Hyde Park Gate so wohltuend wirkten, zum großen Teil darauf zurückzuführen waren, daß die Mehrheit der jungen Männer, die dorthin kamen, sich nicht zu jungen Frauen hingezogen fühlten*[91]. Der Ausschluß von Sexualität und Erotik aus den Gesprächen der Bloomsbury-Freunde hatte freilich nach einiger Zeit zur Folge, daß die Debatten in ihrer Abstraktheit fade und blutleer gerieten.

Das Jahr 1906 stand unter dem Zeichen einer großen Reise. Die Stephens-Geschwister wollten im September nach Griechenland. Für damalige Verhältnisse war dies eine Fernreise, die beträchtliche Vorbereitungen erforderte. Virginia ging es auf der Reise nicht gut; auf der endlos scheinenden Bahnfahrt wurde sie reisekrank. Wieder zurück in London, bekam Thoby Fieber. Die Ärzte dachten an Malaria, aber Thoby hatte Typhus. Er verlor das Gehör, der Prozeß der Schwächung ging weiter. Am 20. November ging es mit ihm zu Ende. Zwei Tage nach seinem Tod entschloß sich Vanessa makabererweise, Clive Bells Drängen nachzugeben und ihn zu heiraten, vermutlich auch aus der Verzweiflung der Situation heraus. Am 7. Februar 1907 fand die Hochzeit statt.

Die Geschwister hatten sich darauf geeinigt, daß Vanessa mit Clive im alten Haus am Gordon Square wohnen blieb, während Virginia und Adrian ein neues Haus am Fitzroy Square bezogen. Thobys Tod war für Virginia in doppelter Weise ein Schlag. Einmal war die alte Gemeinschaft auseinandergebrochen. Vanessa gehörte nicht mehr dazu. Dann war Adrian an Thobys Stelle gerückt. Thoby war für Virginia aber nicht nur deshalb so wichtig gewesen, weil er den Bloomsbury-Kreis initiiert und damit Virginia zu neuem Selbstbewußtsein verholfen hatte, Thoby war nach Leslies Tod immer mehr zu einer wichtigen Bezugsperson für Virginia aufgerückt: In seiner recht bestimmten Art, die manchmal sogar herrisch war, hatte er Virginia deutlich gezeigt, wo es für sie lang gehe. Und sie hatte das akzeptiert, weil sie eine solche Führung brauchte. Adrian konnte Thoby in dieser Hinsicht nicht ersetzen. Obwohl er nur achtzehn Monate jünger war als Virginia, empfand sie den Altersunterschied so gravierend, als lägen gut zehn oder gar fünfzehn Jahre zwischen ihnen.

Adrian war sehr sensibel, fast überempfindlich, dazu schmal und knochig gebaut und körperlich alles andere als robust. Er galt als der Spätentwickler der Stephens-Familie. Er hatte ebenfalls in Cambridge studiert. Zu den Aposteln gehörte er aber nicht und Moores Philosophie lehnte er radikal ab. Adrian und Virginia mochten sich zwar gegenseitig, aber ohne heftigsten Streit ging es zwischen ihnen selten ab. Adrian war von sarkastischer Natur, und er liebte es, Virginia aufzuziehen. Quentin Bell berichtete, daß die beiden Geschwister manchmal derart massiv aneinandergerieten, daß sie sich bei Tisch wütend mit Butterkügelchen bewarfen; die zahlreichen Fettflecken an den Tapeten des Eßzimmers waren

55

stumme Zeugen ihrer vehementen Fehden. *Ich lebte jetzt allein mit Adrian am Fitzroy Square, und wir waren beide die unverträglichsten Menschen. Wir trieben einander fortgesetzt zur Raserei oder in die tiefsten Depressionen. Wir besuchten noch immer sehr viele Geselligkeiten: Doch die Vereinigung der beiden Welten war weit schwieriger als ich vermutet hatte. Ich konnte die beiden nicht in Einklang bringen.*[92]

Was Virginia befürchtet hatte, eine Abkühlung ihrer Beziehung zu Vanessa, trat nicht ein: Die Schwestern trafen sich regelmäßig, und wenn man sich schon einmal nicht sah, wechselten täglich Briefe zwischen den beiden Bastionen in Bloomsbury. Mit den Treffen verhielt es sich jetzt etwas schwieriger, weil ja zwei Haushalte existierten. Vanessa führte die Bloomsbury-Treffen am Gordon Square fast kontinuierlich weiter, allerdings nicht unbedingt im alten Stil: Der Kreis derer, die sich in Vanessas Salon zusammenfanden, hatte sich merklich verändert, war exklusiver geworden. Die schmuddeligen Männer mit den Flecken auf den Hosenbeinen beherrschten nicht mehr das Bild. Etwas spöttisch kommentierte Virginia: *Nessa und Clive leben ein bißchen wie die großen Damen in einem französischen Salon; alle geistreichen Leute und Dichter verkehren bei ihnen, und Nessa sitzt dazwischen wie eine Göttin.*[93] Auch Virginia wollte in ihr neues Haus die Bloomsbury-Freunde regelmäßig einladen. Als sie noch alle zusammen wohnten, war sie an den Treffen nur sehr passiv beteiligt, und Vanessa hatte das alles in ihrer schwungvollen Art besorgt. Am Fitzroy Square gab es allerdings keine Vanessa mehr, und Virginia mußte nun ihre Donnerstagabende selber inszenieren, keine leichte Aufgabe, und auch der schwerfällige und zurückhaltende Adrian war dabei keine große Hilfe. Die Treffen bei Virginia waren anfangs kein Erfolg. *Wohl hatten wir noch die Donnerstagabende wie zuvor, doch sie waren verkrampfter und endeten oft mit einem peinlichen Mißklang. Adrian stakte in sein Zimmer, ich in meins – keiner sprach ein Wort.*[94]

Bloomsbury hatte nun zwei Stützpunkte, am Gordon Square und am Fitzroy Square. Vanessas Salon war freilich der progressivere. Quentin Bell meinte, Thobys Tod habe den Geist von Bloomsbury wesentlich verändert. Dieser Wandel ging sicherlich nicht von Virginias Treffen aus, sondern von Vanessas, griff dann aber rasch über und brachte in das Haus am Fitzroy Square den neuen Schwung. Was aber hatte sich geändert? Es waren zuerst ganz oberflächliche Dinge. Man sprach sich jetzt plötzlich beim Vornamen an, und mit der förmlichen Anrede – Mr. Saxon oder Mr. Strachey – war auch eine andere Schranke gefallen: Die Bloomsbury-Freunde rückten zusammen, man stand sich menschlich näher, übte sich nicht mehr nur im intellektuellen Schlagabtausch, sondern sprach offen miteinander. Das war in der Tat neu: Bloomsbury war sich plötzlich bewußt, daß es Frauen und Männer gab. Das alte Tabu war vergessen. Die Konversation verlief nicht mehr nur geistvoll, sie war menschlich und warm, von gegenseitigem Verstehen getragen. Und so bekam Bloomsbury neues Leben, trieb auf ein Tollhaus zu. Jetzt bekam die Revolte gegen das verkarstete Bewußtsein des englischen Spießers, gegen den Anspruch sogenannter Autoritäten plötzlich ein Gesicht. Man las Tolstoj und Dostojevskij, hörte Rimskij-Korsakov und Strawinsky, pflegte eine Vorliebe für Bilder von Manet, Seurat und Degas, man begeisterte sich für Richard Wagner. Bloomsbury wandte sich gegen alles Gestrige, suchte unbequem zu sein, kehrte die Dinge spielerisch um, wollte den Teufel mit der Karikatur austreiben. Bloomsbury im März 1907: *Es war an einem Frühlingsabend. Vanessa und ich saßen im Salon. Der Salon hatte sich seit 1904 stark verändert. Die Sargent-Furse-Ära war vorbei. Das Zeitalter Augustus Johns zog herauf. Sein Pyramus nahm eine ganze Wand ein. Die von Watts gemalten Porträts meines Vaters und meiner Mutter hingen unten, falls sie überhaupt hingen. Clive hatte alle Streichholzschachteln versteckt, weil ihr Blau und Gelb sich nicht mit der übrigen Farbskala vertrug. Er konnte jeden Augenblick hereinkommen, und dann würde ich anfangen, mit ihm zu streiten – zuerst freundschaftlich und unpersönlich; aber schon bald würden wir uns Schimpfworte an den Kopf werfen und im Zimmer hin und her rennen. Vanessa saß schweigend da und tat irgendwas Mysteriöses mit ihrer Nadel oder Schere. Ich sprach rücksichtslos und aufgeregt zweifellos über meine eigenen Angelegenheiten. Plötzlich ging die Tür auf, und lang und düster stand Mr. Lytton Strachey auf der Schwelle. Er deutete mit dem Finger auf einen Flecken auf Vanessas weißem Kleid. «Samen?» fragte er.*

Kann man so etwas wirklich sagen? dachte ich, und wir brachen in Gelächter aus. Mit diesem einen Wort waren alle Hemmungen beseitigt. Ein Strom der heiligen Flüssigkeit schien sich über uns zu ergießen. Unser Gespräch drehte sich um Sex. Das Wort «Arschficker» floß uns leicht von den Lippen. Mit der gleichen Erregung und dem gleichen Freimut, mit dem wir über das Wesen des Guten gesprochen hatten, sprachen wir nun über Beischlaf. Merkwürdig zu denken, wie gehemmt und zurückhaltend wir so lange Zeit gewesen sind.[95]

Das neue Bloomsbury war eine grelle Mischung aus Geist und Frivolität. Am Gordon Square und Fitzroy Square gab es nichts mehr, *was man nicht sagen, nichts mehr, was man nicht tun konnte*[96]. Es scheint, als triebe die jahrelange Enthaltsamkeit jetzt zu merkwürdigen Blüten. Obszönitäten waren geradezu gesucht.

Lytton war der Hecht im Karpfenteich. Er trieb es nicht nur mit seinen *Weibsbildern*, sondern vergnügte sich auch noch öffentlich mit obszönen Versen. Einmal zeigte er einen seiner Texte Vanessa, und sie war so begeistert, daß sie das unanständige Elaborat auswendig lernte, auf der Maschine abtippte und an ihre Freunde weiterreichte.

Ganz so promiskuitiv und skandalös, wie es sich ausnahm, war Bloomsbury freilich nicht. Beischlaf und Liebe waren zwar das aufregendste Thema (eben weil das früher totgeschwiegen wurde), aber nicht das ein-

57

zige; man diskutierte nach wie vor bis zur Erschöpfung, was Literatur und Kunst, was Wirklichkeit und Wahrheit denn seien. *Das alte Diskussionsskelett des ursprünglichen Bloomsbury über Kunst und Schönheit füllte sich mit Fleisch und Blut. Immer waren neue Ideen im Gange, immer stand ein neues Bild auf einem Stuhl, das zu betrachten war, wurde ein neuer Dichter aus der Anonymität gefischt und zur Diskussion gestellt.*[97]

Im Sommer 1909 bekam Bloomsbury einen weiteren Stützpunkt, Bedford Square, das Haus Lady Ottolines. *Wir haben soeben eine wundervolle Lady Ottoline Morell kennengelernt, die das Haupt einer Medusa hat; aber sie ist trotzdem sehr einfach und unschuldig, und sie schwärmt für Kunst.*[98] Das Zusammentreffen war zufällig. An einem der Donnerstagabende kam Ottoline ins Haus am Fitzroy Square – und Virginia war von ihr fasziniert. Sicherlich nicht wegen Ottolines Luzidität, denn besonders gescheit war sie nicht, aber mondän, exotisch, in ihrer Art durchaus eine anziehende, beinahe atemberaubende Persönlichkeit. *Aus meinem Tagebuch geht hervor,* schrieb Virginia, *daß ich am 30. März 1909 mit ihr zu Abend gegessen habe – ich glaube, zum ersten Mal. Aber schon ein paar Wochen davor war sie an einem meiner Donnerstagabende, mit Philip, Augustus John und Dorelia im Schlepptau, zu uns hereingestürmt.*[99] Am nächsten Morgen schrieb Lady Ottoline an Virginia und bat sie, ihr Namen und Adressen *ihrer wunderbaren Freunde* bekanntzugeben. *Dem folgte eine Einladung, jeden Donnerstag gegen zehn Uhr zu ihr zum Bedford Square zu kommen und mitzubringen, wen ich wollte. Das fügte sich gut ein, denn in Bloomsbury pflegte man von einer Gesellschaft zur andern zu ziehen. Bald darauf wurden wir alle in diesen unbeschreiblichen Wirbel hineingerissen, der denn auch zeitweilig solch gegensätzliche, aus dem Rahmen fallende Gestalten zusammentrieb wie: Augustus John, sehr dämonisch, in einem schwarzen Samtjackett und mit schwarzem Spazierstock; und Winston Churchill, mit hochrotem Gesicht, ganz Goldlitzen und Orden, auf dem Weg zum Buckingham Palast; und Raymond Asquith, sprühend von Epigrammen . . .*[100]

Lady Ottoline schien in Virginia verliebt zu sein und umgekehrt, so jedenfalls wurde bald zwischen Bedford Square, Fitzroy Square und Gordon Square geklatscht. Ob dies zutraf, läßt sich so eindeutig nicht sagen, es erscheint eher zweifelhaft. Sicher ist, daß Virginia von Ottoline, von ihrer Beweglichkeit und ihrem Glanz überwältigt war. Lady Ottoline brachte jedenfalls eine gehörige Abwechslung in die immer noch dünne intellektuelle Atmosphäre des Bloomsbury-Kreises.

Es gibt eine Reihe von Äußerungen Virginias über Ottoline, die deutlich zeigen, daß Virginia genügend Distanz zu ihr hatte. Faszinierend an der *Marmor-Medusa*[101], wie Virginia sie nannte, war einfach die Tatsache, daß durch diesen Kontakt Bloomsbury neue Impulse bekam. Ottolines extravaganter Lebensstil färbte auch auf Gordon Square und Fitzroy Square ab. Virginia kaufte sich Weihnachtssterne aus scharlachrotem

Lady Ottoline Morrell. Gemälde von Duncan Grant

Plüsch, sie nähte sich Kleider aus gemustertem Baumwollstoff, was man von den Negerinnen abgeguckt hatte, und kleidete sich herausfordernd nach dem Vorbild von Gauguin-Gemälden. Der Lebensstil wurde freizügig, und bald kochte die Gerüchteküche: Denn eigentlich inszenierte man das alles für die etablierte Gesellschaft. Exzesse waren erst dann interessant, wenn sie auch außerhalb Bloomsburys publik wurden. *Geschichten begannen die Runde zu machen, wonach wir uns öffentlich entkleidet hätten.*[102] Und Vanessa dementierte nicht das Gerücht, wonach sie ungeniert vor aller Augen im Salon am Gordon Square mit dem Nationalökonomen Maynard Keynes den Beischlaf vollzogen habe. Auf dem Nach-Impressionistenball trieben die halbnackten Schwestern Vanessa und Virginia – in der Tracht von Südseeschönheiten – reputable Damen in Ohnmacht und aus dem Saal. Virginia unternahm nichts gegen diese Gerüchte, und Vanessa verstärkte sie, prahlte ganz ungeniert damit. Dahinter steckte freilich kaum mehr als ein neckisches Spiel: Es reichte den Schwestern, daß sie es geschafft hatten, die Gesellschaft zu schockieren. Es war einfach herrlich, als unmoralisch, als zynisch und verkommen dazustehen.

Bloomsbury spielte mit der Autorität: Virginia und ihre Freunde erprobten diese Maxime einmal recht kraß und originell und lieferten damit sogar der britischen Öffentlichkeit Schlagzeilen. Am 10. Februar 1910 machten sich Virginia – angetan mit einem Turban und einem gestickten Kaftan, das Gesicht schwarz geschminkt und mit Bart verziert –, Duncan Grant und zwei weitere Freunde, ebenfalls in diesem Aufzug, dazu der unverkleidete Adrian, auf, um die Navy zu verspotten. Dem Oberbefehlshaber der Flotte hatten sie ein getürktes Telegramm geschickt mit der Ankündigung, der Kaiser von Abessinien wolle das Flaggschiff, die «Dreadnought», besichtigen. Die komische Nummer hatte Erfolg. Die Offiziere führten die Abordnung, die von einer Opernbühne hätte stammen können, durch das höchst geheime Schiff. Adrian übersetzte kaltschnäuzig, was seine Mitverschwörer an Kauderwelsch aus altgriechischen Brocken von sich gaben. Die Flaggen wurden gehißt. Die Kapelle spielte zu Ehren des Kaisers. Bloomsbury sah hinter diesem Spaß mehr:

Vanessa mit ihren Söhnen Julian und Quentin und Roger Fry

Little Talland House, Firle/Sussex

den Beweis der Nichtigkeit bestehender Formen; der Inhalt der bombastischen Hülle erwies sich als ein Nichts.

Für Virginia bedeutete das neue Bloomsbury eine innere Befreiung von den moralischen Fesseln ihrer Erziehung. Daß man über sexuelle Dinge ganz offen reden konnte, genügte ihr. Vanessa dagegen lebte diese Freizügigkeit auch einigermaßen aus. Danach verlangte es Virginia nicht. Sie blieb keusch. Zwar begann sie sich jetzt auch auf kleine Flirts einzulassen, und attraktiv sah sie zweifellos aus mit ihrer zarten, asketischen Gestalt. Am 17. Februar 1909 hatte ihr Strachey einen Heiratsantrag gemacht, den sie sogar annahm. Doch Strachey überlegte es sich rasch anders. Sie hatten eine Unterredung und einigten sich darauf, die Sache zu vergessen. Andererseits dachte Virginia langsam mit einem gewissen Unbehagen daran, noch nicht verheiratet zu sein. Stracheys Rückzieher machte ihr sogar angst, sie könne es nie schaffen, einen Mann zu bekommen. Sexuell vermißte sie freilich nichts, denn Ehe bedeutete für sie etwas anderes: einen anderen Menschen eng an sich zu binden, ihn neben sich zu wissen, seinen Rat, seine Hilfe beanspruchen zu können.

Leonard Woolf und Virginia, 1912, kurz vor ihrer Hochzeit

Im Jahre 1910 ging es Virginia gesundheitlich schlecht. Kopfschmerzen, depressive Zustände und die fatale Appetitlosigkeit bewegten Virginia, wenn auch widerwillig, dazu, sich in eine Privatklinik in Twickenham einweisen zu lassen. Es war eine dunkle Zeit. Am 28. Juli schrieb sie aus Twickenham an Vanessa, die gerade ihr zweites Kind bekam und unabkömmlich war: *Ich habe das Gefühl, bald aus dem Fenster springen zu müssen. Die Häßlichkeit des Hauses kann man beinahe nicht ausdrücken, alles in Weiß, das grün und rot gesprenkelt ist. Und dann immer dieses*

Trinken- und Essenmüssen und im Dunkeln eingeschlossen zu werden.[103]
Mitte August hielt sie es nicht mehr in der Klinik aus. Sie fuhr nach Cornwall: lange Spaziergänge und Wanderungen taten ihr gut. Mitte Oktober war sie wieder am Fitzroy Square.

Um die Jahreswende 1911 mietete sich Virginia ein Haus auf dem Land, in dem Dorf Firle bei Lewes in Sussex. Sie taufte die aus roten Ziegelsteinen gebaute kleine Villa in Anspielung an glückliche Sommertage in St. Ives Little Talland House.

Weil der Mietvertrag des Hauses am Fitzroy Square auslief, mußten sich Virginia und Adrian nach einer neuen Bleibe umsehen. Sie hatten vor, auch nicht mehr ganz so eng beieinander zu wohnen. Deshalb sollten noch ein paar Freunde mit ihnen ziehen. Mit Adrian allein wollte es Virginia nicht mehr riskieren. Das neue Haus lag am Brunswick Square 38. Virginia bezog einen Raum im ersten Stock, Adrian logierte im zweiten Stock, Maynard Keynes kam ins Parterre, Duncan Grant erhielt das Atelier und Leonard Woolf sollte unters Dach. Nebenbei: Auch dieses Vorhaben war für die Umgebung, besonders für die Verwandtschaft, ein Schlag ins Gesicht: eine junge unverheiratete Frau zusammen mit einer Horde junger Männer in einem Haus einquartiert!

Little Talland House wollte sie rasch wieder aufgeben, denn sie hatte inzwischen ihr Traumhaus Asham entdeckt, in der Nähe von Firle, ein wunderschönes Regency-Haus, das sie mit Vanessa zusammen mietete.

Bloomsbury gedieh weiter: Ein Höhepunkt war die Dreikönigsparty im Januar 1923 am Gordon Square, zu der Maynard Keynes einlud. Der Maler Walter Sickert brillierte als Hamlet, Marjorie Strachey rezitierte vulgäre Verse, Lydia Lopokowa, Primaballerina des Diaghilew-Balletts tanzte. Virginia war mit dabei, aber sie gehörte nicht mehr zu Bloomsbury. Seit 1912 war sie mit Leonard Woolf verheiratet, und damit hatte sich ihr Leben ziemlich verändert. Leonard fand an dem lasziven Treiben in Bloomsbury, das das rein intellektuelle Wesen aus Cambridger Tagen längst gegen Plüsch und Intrigen eingetauscht hatte, wenig Geschmack, und für Virginias labile Gesundheit hielt er diese gesellschaftliche Hektik geradezu für schädlich. *Vielleicht bin ich feige und bequem geworden?* fragte sich Virginia bei der Betrachtung ihres stilleren, kontemplativeren Lebens mit Leonard, der langen Aufenthalte auf dem Land und des strikten Verhaltensreglements, dem sie sich wegen ihrer immer wieder aufflackernden Krankheit unterwarf. *Gestern abend konnte ich nicht am Gordon Square bleiben, weil Leonard am Telefon sein Mißfallen äußerte. Schon wieder viel zu spät. Sehr töricht bei deinem schwachen Herzen.* Virginias Kommentar: *Das untergrub mein Selbstvertrauen, und ich wagte nicht, ihm entgegenzuhandeln.* Sie hatte sofort Angst, sie wußte *ich bekomme bestimmt Kopfschmerzen oder Herzbeschwerden; und das verdirbt ihm* (Leonard) *dann die Laune; und wenn man schon mit jemand zusammen lebt, hat man dann das Recht – Und so geht es weiter.*[104]

Leonard

Ehe Virginia Leonard Woolf persönlich kennenlernte, wußte sie schon eine Menge über ihn. Ihr Bruder Thoby, der seine Freunde gern glorifizierte, schwärmte ihr oft von Leonard vor. *Ich war noch ungemein beeindruckt und fast benommen, als Thoby unvermittelt dazu überging, mir von einem anderen «erstaunlichen Burschen» zu erzählen – einem Mann, der fortwährend am ganzen Leib zittere. Er sei in seiner Art genauso exzentrisch, so außergewöhnlich wie Bell und Strachey in ihrer. Er sei Jude. Als ich Thoby fragte, warum er zittere, gab er mir irgendwie zu verstehen, daß es zu seinem Charakter gehöre – er sei so heftig, so wild, er verachte die gesamte menschliche Rasse so ... Ich war natürlich von tiefstem Interesse an diesem wilden, zitternden, misanthropischen Juden beseelt, der bereits seine Faust gegen die Zivilisation erhoben hatte und der im Begriff war, in die Tropen zu entschwinden, so daß keiner von uns ihn je wiedersehen würde.*[105] Leonard und Virginia sahen sich vorerst nur ein einziges Mal bei einem Abendessen am Gordon Square am 17. November 1904, kurz vor Leonards Abreise nach Ceylon. Auf Virginia, damals noch die Schweigsame, Beobachtende, machte der beredte Mann einen gewaltigen Eindruck.

Leonard Woolfs Vater, Sidney Woolf, war Kronanwalt zu einer Zeit, als es in England nur 175 Kronanwälte gab, eine respektable Stellung. Leonard wurde 1880 als eines von neun Kindern in Kensington geboren. Für eine ordentliche Karriere besaß er das richtige Elternhaus. Es kam anders, denn 1892 starb sein Vater mit 48 Jahren, und damit wandelte sich die bisherige Lebensführung der Familie gehörig: Sidney Woolf ließ eine Frau mit neun Kindern ohne wesentliches Vermögen zurück. Dennoch wurde Leonard 1899 nach Cambridge geschickt, er sollte Strafverteidiger werden. Ein Karrieretypus war er nicht; er verließ sich auf seine Intelligenz und arbeitete mäßig – mit dem Erfolg, daß er nur ein zweitklassiges Examen schaffte, das ihm den Weg in Spitzenstellungen von vornherein verschloß. So kam eine Stellung im Außenministerium nicht in Frage; es blieben nur die weniger beliebten Posten in der Postverwaltung oder im Finanzministerium. Anwalt hätte er auch werden können, dazu aber fehlte ihm das Geld; die Ausbildung brachte einem Anwaltsaspiranten jahrelang keinen Penny ein – und wer hätte ihm in dieser Zeit den Lebensunterhalt bestreiten helfen sollen? So blieb also nur noch der Kolonialdienst übrig. Leonard bewarb sich für Ceylon, und er wurde genommen. Begeistert war er nicht, eher entsetzt, daß er nun tatsächlich in einer Kolonie in der Zivilverwaltung arbeiten sollte. Er war sich aber darüber im klaren, daß er keine andere Wahl hatte. Was Leonard einmal anfing, tat er mit Bedacht und Energie. Der Erfolg blieb nicht aus. Leonard entdeckte sein Talent für die Verwaltungsarbeit. Seine Beharrlichkeit und Intelligenz brachten frischen Wind in eine lahme, ineffiziente Verwaltungsmaschinerie. Er ging dabei einerseits sehr unkonventionell ans Werk und andererseits mit großer Präzision: beides Eigenschaften, die es ihm später ermöglichten, das schwierige Zusammenleben mit Virginia zu meistern und die Hogarth Press erfolgreich zu führen. Im Kolonialdienst lernte Leonard, systematisch zu arbeiten und sich von einem Ziel nicht abbringen zu lassen. Und auf Ceylon bedeutete das für Leonard die Chance, Karriere zu machen. In England wäre ihm das kaum oder nur sehr schwer gelungen. In wenigen Jahren avancierte er zu einem Spitzenbeamten des Kolonialdienstes.

Obwohl Leonard Virginia nur kurz getroffen hatte, spukte sie die Jahre auf Ceylon über in Leonards Leben herum. Was Frauen betraf, lebte er nicht gerade enthaltsam. In Jaffna verliebte er sich in die Frau seines Vorgesetzten. Eine beinahe sentimentale Affäre hatte er mit einer achtzehnjährigen Schönheit, mit der er sich in der Lagune traf. Aber – und dies ist auch ein wichtiges Moment, um später Leonards und Virginias Verbindung in sexueller Hinsicht zu verstehen – mit voller Leidenschaft war er bei diesen Romanzen nie dabei. Leonard war immer darauf bedacht, sich die Situation nie aus der Hand gleiten zu lassen. Einmal teilte er seinem Freund Strachey mit, daß er es vorzöge, im Dschungel zu reiten, als einen amüsanten Beischlaf zu genießen. Die Frauen auf Ceylon waren Episoden, Abenteuer, vordergründige Befriedigung, eine – vielleicht für einen alleinstehenden Mann – notwendige Randerscheinung. Doch mit England blieb Leonard in Verbindung, und es entspann sich, von Virginia zu Beginn gänzlich unbemerkt, eine Romanze sehr platonischer und sogar nüchtern merkantiler Art. Leonard interessierte sich für beide Stephens-Schwestern, wobei ihm Vanessa als die attraktivere erschien. Strachey berichtete Leonard regelmäßig und ausführlich, was es bei den Stephens Neues gab, welcher Mann sich gerade um sie bemühte oder gar einen Heiratsantrag stellte. Am 1. Februar 1909 schrieb Leonard an Strachey: «Meinst Du, Virginia würde mich nehmen? Schick mir ein Telegramm, wenn sie annimmt. Ich nehme dann das nächste Schiff heimwärts.» [106] Strachey hielt Leonards Plan für sinnvoll. «Du solltest sie heiraten», schrieb er postwendend zurück. «Du wärst groß genug, und Du hättest auch den unendlichen Vorteil der körperlichen Begierde ... Wenn Du kämst und ihr einen Antrag machtest, würde sie ihn annehmen. Ganz bestimmt.» [107] Lytton teilte Leonards Antrag diplomatisch zuerst Vanessa

mit. Sicher gab sie ihn ihrer Schwester weiter, man kann sich, des spötti-
schen Wesens der beiden Stephens-Schwestern gedenkend, vorstellen,
welche Lachsalven und Bemerkungen diese eigenartige Werbung des Ko-
lonialbeamten Leonard Woolf in Bloomsbury auslöste. Natürlich gab es
keine Antwort, doch Lytton bemühte sich, das Eisen warm zu halten. In
weiteren Briefen drängte er Leonard, Virginia zu heiraten. Virginia nahm
das, was sie vielleicht davon erfuhr, nicht sehr ernst. Ans Heiraten dachte
sie freilich öfters. *Neunundzwanzig sein,* beschrieb sie im Juni 1911, einen
Monat vor Leonards Rückkehr nach England, ihre Situation ein wenig
verzweifelt in einem Brief an ihre Schwester, *und unverheiratet – ein Ver-
sager – kinderlos – dazu geisteskrank und kein Schriftsteller.*[108] Um Virginia bewarb sich aber eine ganze Reihe von Männern. «Sie ist die einzige
Frau auf der Welt», schrieb Lytton nach Ceylon, «mit genügend Verstand; es ist ein Wunder, daß es sie gibt; aber wenn Du nicht aufpaßt,
verpaßt Du die Gelegenheit. Jeden Augenblick könnte sie mit Gott weiß
wem davonlaufen ... Sie ist jung, ungestüm, wißbegierig, unzufrieden
und sehnt sich danach zu lieben.» Und schließlich die lapidare Aufforde-
rung: «Wenn ich Du wäre, würde ich telegrafieren.»[109] Leonard packte
deshalb nicht sofort seine Überseekiste. Das tat er erst am 24. Mai 1911,
und sicher nicht, um für immer nach England zurückzukehren und Virginia zu heiraten. Die Zukunft war ungewiß. Leonard schiffte sich auf Jah-
resurlaub nach England ein. Das meiste seines Besitzes ließ er zurück, ein
Indiz, daß er wiederzukehren gedachte, um seine vielversprechende Ver-
waltungskarriere fortzusetzen.

Mit Leonards Einsamkeit hatte es jetzt ein Ende: In Bloomsbury war-
teten die alten Freunde. Zu Virginia knüpfte er allerdings sehr behutsam
Kontakt. Zuerst besuchte er Lytton Strachey in Cambridge, wo die Lage
ausführlich besprochen wurde. Dann kam ein Besuch bei Vanessa an die
Reihe, an einem Juliabend im Haus am Gordon Square. Später erschie-
nen auf einen Sprung noch altvertraute Freunde, Walter Lamb, Duncan
Grant und – Virginia. Jetzt übernahm Virginia die Initiative. *Lieber Mr.
Woolf,* schrieb sie ihm am 8. Juli, *hätten Sie Lust, dieses Wochenende nach
Firle zu kommen? Es ist ein kleines Landhaus in den Hügeln von Sussex.
Passend wäre der 22. oder der 29. Ich hoffe, Sie kommen.*[110] Leonard hatte
aber bereits andere Besuche verabredet. Erst am 16. September klappte
es. Gemeinsam wanderten sie durch die Downs von Sussex. Bis ein Uhr in
der Nacht saßen sie zusammen und redeten. Vermutlich waren sie sich
auch schon etwas nähergekommen, denn in ihrem zweiten Einladungs-
brief vom 31. August hatte Virginia schon die Bemerkung gemacht, daß
es *viel hübscher wäre, sich bei den Vornamen anzusprechen*[111]. Das erste
Wochenende in Firle war aber die erste Gelegenheit, sich richtig kennen-
zulernen.

Virginia war gerade mit dem Umzug in das Haus am Brunswick Square
beschäftigt, das sie mit Adrian, Keynes und Grant teilen wollte. Es lag auf

der Hand, Leonard dort ebenfalls Logis anzubieten, und er akzeptierte sofort. Sie sahen sich fortan sehr viel öfters, doch sie hüteten sich, gegenseitig ihre Gefühle zu offen zu zeigen. Bei Virginia ist es ohnehin fraglich, ob sie für Leonard überhaupt viel empfand. Zweifellos faszinierte seine Persönlichkeit sie, besonders sein Selbstbewußtsein und seine rhetorische Brillanz. *Wie ich Dir kürzlich brutal geschrieben habe,* teilte sie ihm recht offen mit, *übst Du auf mich keine körperliche Anziehungskraft aus. Es gibt Augenblicke – als Du mich neulich geküßt hast, war ein solcher –, wo ich nicht mehr als ein Felsen empfinde.*[112] Ihre sexuelle Abneigung gegen Leonard war eigentlich nicht gegen ihn gerichtet, sondern gegen das andere Geschlecht an sich. Virginia fühlte sich mehr zu Frauen hingezogen, und in ihrem Leben gab es einige Episoden mit Frauen, mit Vita Sackville-West beispielsweise, doch sollte man diese Verbindungen nicht überbewerten; um eine auch auf Virginias Seite wirkliche leidenschaftliche Beziehung handelte es sich dabei nicht. Frauen standen ihr im ganzen näher, was sich vielleicht teilweise durch eine starke Mutterbindung verstehen läßt. *Bis ich in den Vierzigern war, war ich von der Gegenwart meiner Mutter besessen.*[113] Vermutlich verlangte es sie nach mütterlicher Fürsorge, dem Gefühl des Geborgenseins, das sie natürlich von Frauen leichter erhielt als von Männern, die Hingabe forderten. Man wird sehen, wie Leonard später Virginia gerade diese Fürsorge schenkte; für sie war dies ein beglückendes Erlebnis, für ihn freilich schwieriger zu meistern. Leonard hatte viel Geduld und war sehr behutsam im Umgang mit Virginia, ein Glücksfall für sie. Virginia war klar, daß zu Liebe und Ehe auch die physische Seite gehörte. Der Sexualakt bereitete ihr aber kein Vergnügen, im Gegenteil, sie fühlte sich davon abgestoßen. Nachdem sie fünfzehn Monate verheiratet waren, dürfte beiden Seiten klargeworden sein, daß sich ihre Ehe künftig anders, als es die Regel war, abspielte, und Leonard akzeptierte es, keusch zu leben. *Nie hast Du,* schrieb sie ihm, *seit ich Dich kenne, irgend etwas getan, das irgendwie gemein gewesen wäre – wie ist das möglich? Du warst einfach vollkommen zu mir.*[114] Als Leonard um Virginia warb, wußten beide noch nicht, wie sich dies später entwickeln sollte. Virginia kannte sich und ihre Abneigung gegen alles, was ihren Körper betraf. Sie erklärte sich dies einerseits mit ihrer Erziehung und auch mit den inzestuösen Erlebnissen, die ihr Stiefbruder George ausgelöst hatte. Trotzdem wollte sie heiraten, nicht nur, um der Konvention zu genügen und nicht vor der Gesellschaft als Außenseiter dazustehen, sondern weil sie die Gemeinschaft mit einem Lebenspartner suchte. Merkwürdigerweise wünschte sie sich auch Kinder, und es traf sie hart, als die Ärzte andeuteten, daß sie wohl nie Kinder haben würde und es auch aus gesundheitlichen Gründen besser sei, keine zu bekommen. Es gibt eine Episode in Virginias Leben – fünf Monate war sie bereits mit Leonard verheiratet –, aus der man den Schmerz fühlen kann, der Virginia die Kinderlosigkeit verursachte. *Gestern, als ich durch Zufall in eines der*

Junggesellenwohnzimmer kam, entdeckte ich eine Wiege wie für den illegitimen Sohn einer Kaiserin. Als ich jedoch diese Theorie vorbrachte, schoben sie mir die Wiege zu. Ich errötete, stritt jede Absicht ab, und so weiter: und errötend stützte ich meinen Ellenbogen auf einen Tisch. «Jedenfalls ein wunderschöner Tisch!» rief ich in dem Bestreben, die Unterhaltung von dem Verlust meiner Jungfräulichkeit und dessen möglichen Folgen abzulenken. [115] Man darf sich Virginia nicht als eine frigide Frau vorstellen; sie wirkte sehr feminin, wenn auch zerbrechlich, und Kindern gegenüber zeigte sie sehr viel Mütterlichkeit und Zuneigung.

Für Leonard standen im Januar 1912 wichtige Entscheidungen an. Vom Kolonialdienst war er vorerst nur beurlaubt, und er mußte bald wieder nach Ceylon zurück. Sollte er also Virginia heiraten? Leonard machte ihr einen Heiratsantrag. Virginia zögerte. Dann wurde sie wieder krank, vielleicht als unmittelbare Folge der Angst vor der Entscheidung, vor der sie stand. *Eigentlich habe ich nichts zu sagen,* hatte sie Leonard auf seine Werbung hin geschrieben, *als daß ich gern so weitermachen würde; und daß Du mir Freiheit lassen solltest.* [116] Wäre es für sie einfach gewesen, ja zu sagen oder Leonards Antrag abzulehnen, hätte sie es sicher getan. Aber sie war sich nicht im klaren darüber, wie sie sich entscheiden sollte. Sie wollte heiraten, sie mochte Leonard, aber sie fürchtete sich vor einer Bindung mit all den Ingredienzen *Liebe, Kinder, Abenteuer, vertrautem Umgang, Arbeit* [117]. Virginia mußte in die Klinik nach Twickenham. Leonard durfte sie nicht besuchen. Die Briefe, die er von ihr bekam, klangen beunruhigend. Er nahm sie aber als literarische Verrücktheit und realisierte nicht, daß ihm hier wohl eine Geisteskranke schrieb. *Ich werde Dir wunderbare Geschichten von Verrückten erzählen. Nebenbei, sie haben mich zum König gewählt. Darüber gibt es keinen Zweifel. Ich berief ein Konklave ein und verlas eine Proklamation über die Christenheit.* [118] Als Virginia wieder in London war, wußte sie, daß jetzt eine Entscheidung fällig war. *Es scheint mir, daß ich Dir viele Schmerzen verursache,* schrieb sie ihm am 1. Mai. *Manche sogar in einer furchtbar beiläufigen Art, deshalb sollte ich so offen wie möglich mit Dir sein ... Die offenkundigsten Vorteile des Ehestands stehen mir im Weg. So spreche ich zu mir. Trotzdem wirst Du glücklich mit ihm werden. Er ist Dir ein guter Kamerad, er wird Dir Kinder schenken und für ein geschäftiges Leben sorgen. Und dann sage ich, mein Gott, ich kann doch eine Ehe nicht als einen Beruf betrachten. Die wenigen Leute, die davon wissen, raten mir, Dich zu heiraten, und das bringt mich dazu, meine eigenen Motive um so sorgfältiger zu überdenken. Dann ärgert mich auch manchmal die Kraft Deines Verlangens. Möglicherweise spielt dabei auch Deine jüdische Herkunft eine Rolle. Du scheinst mir so fremd zu sein. Ich fühle mich heiß und kalt zugleich, und dies ohne Grund, außer daß ich glaube, reine physische Anstrengung und Erschöpfung beeinflussen mich. Alles, was ich sagen kann, ist, daß trotz der widersprechenden Gefühle, ein Gefühl anhält, wenn ich den Tag über mit Dir*

Asham House, Lewes/Sussex

zusammen bin. Und es nimmt sogar zu. Du möchtest sicher wissen, ob dieses Gefühl so stark ist, daß ich Dich heirate. Ich denke, ja – denn ich sehe keinen Grund, der dagegen spricht. Aber ich weiß nicht, was die Zukunft bringt. Halb habe ich Angst vor mir, manchmal denke ich, niemand hat je oder vermag jemals etwas teilen. Es ist dies, das Dich dazu veranlaßt, mich einen Hügel zu nennen, oder einen Felsen ... Manchmal glaube ich, daß ich, wenn ich Dich heirate, alles haben kann, und dann ist es wieder die sexuelle Seite, die sich zwischen uns schiebt.[119] Leonard suchte um Rücktritt von seinem Amt nach, der ihm am 7. Mai gewährt wurde. Er war nun frei für Virginia. Sie kehrte ins Haus am Brunswick Square zurück; die Krankheit war überwunden. Von nun an sahen sie sich regelmäßig; sie unterhielten sich, unternahmen viele gemeinsame Spaziergänge und Besuche. Virginia lernte Leonard kennen und schätzen. Seine intellektuelle Überlegenheit faszinierte sie. Und Leonard fand auch intuitiv eine Therapie für die labile Virginia: regelmäßiges Schreiben. Sie nahmen sich vor, jeden Morgen im Haus ein vorher festgelegtes Pensum zu Papier zu bringen. *L. hält mein Schreiben für das Beste an mir. Wir werden sehr viel arbeiten.*[120]

Ende Mai war Virginia bereit, Leonard zu heiraten. Übermütig und fast kindisch tönt die Postkarte vom 6. Juni 1912, auf der sie beide Lytton Strachey ihre Heiratspläne mitteilen: *Ha! Ha!* Und nur die Unterschriften: *Virginia Stephen, Leonard Woolf.*[121]

Virginia machte sich daran, Leonard bei der zahlreichen Verwandtschaft und den Freunden einzuführen. *Meine liebe Violet,* schrieb sie am 4. Juni 1912, *ich muß Dir etwas beichten. Ich werde Leonard Woolf heiraten. Er ist Jude und hat keinen Pfennig. Ich bin glücklicher, als je jemand für möglich gehalten hat – aber mir liegt sehr daran, daß auch Du ihn magst. Dürfen wir beide am Dienstag kommen? Oder wäre es Dir lieber, wenn ich alleine käme? Er war ein guter Freund von Thoby, ging dann nach Indien, kam im vergangenen Sommer zurück und hat seit dem Winter hier gewohnt. Du bist immer eine so prächtige und reizende Person gewesen und ich habe Dich von klein auf so geliebt, daß ich es nicht ertrüge, wenn Dir mein Mann mißfiele . . .*[122]

Am 10. August 1912 heirateten sie auf dem Standesamt St. Pancras in London. Die Zeremonie war locker und erinnerte an so manche Nacht in Bloomsbury. Nach dem Frühstück am Gordon Square ging es auf Hochzeitsreise. Zuerst plante Leonard etwas Ruhe nach all der Hektik, dazu reisten sie nach Asham, wo sie übernachteten. Eine Woche blieben sie in Holford in Somerset, und dann führte die Route für sieben Wochen auf den Kontinent, nach Frankreich, Spanien und Norditalien. Am 3. Oktober waren sie wieder in London.

Ein Umzug stand an. Bereits auf ihrer Hochzeitsreise hatten sie überlegt, wo sie künftig wohnen wollten. Sie fanden eine Wohnung in einem Gasthaus in Clifford's Inn, nahe der Fleet Street. Die neue Unterkunft schien angenehm zu sein.

Während Virginia an ihrem Roman *The Voyage Out* arbeitete, ging Leonard verschiedenen Gelegenheitsjobs nach, die ihm und Virginia nicht besonders schmeckten. Beispielsweise war er Roger Frys Sekretär – eine triviale und enervierende Tätigkeit – und organisierte dessen zweite Nachimpressionisten-Ausstellung in den Grafton Galleries. *Kennst Du wen, der einen Sekretär braucht?* fragte Virginia in einem Brief vom 12. Dezember 1912 Violet Dickinson. *Die Ausstellung ist, Gott sei Dank, zu Ende. Künstler sind eine abscheuliche Rasse. Die wilde Begeisterung dieser Leute über ihre grün und blau gestrichenen Leinwände ist ekelhaft.*[123] Virginia meinte, Leonard solle besser Romane schreiben; sein Ceylon-Buch «The Village in the Jungle» hatte ihr gefallen. Leonard fand im Anschluß an die Ausstellung eine neue Tätigkeit bei der Charity Organisation Society und etablierte sich nebenei als Rezensent politischer Bücher beim «New Statesman».

71

Weihnachten 1912 verbrachten sie auf dem Land. Asham bot einen herrlichen Gegensatz zu London. *Gerade regnet es heftig, aber wir sind sehr glücklich hier – im Winter ist es am angenehmsten. Manchmal denke ich daran, wie großartig es wäre, alle seine Kleider in einer großen Schachtel in London zu lassen und sich in eine Art schmutziger Rübenwurzel zu verwandeln* ... Sie machten sogar Pläne, um fürderhin überhaupt in Asham zu leben. *Mein Mann will zwei Kühe kaufen und zwanzig Hühner und einen Hahn, was uns mit Eier und Fleisch versorgen würde, und die Kühe gäben Milch und Butter, und von Butter könnten wir möglicherweise noch ein Schwein aufziehen und dann ließe sich noch eine kleine Jagd pachten.* [124] Dies konnte womöglich, so dachte Leonard, Virginias Nervosität, ihre immer wieder aufflackernde Depression mildern.

Das Jahr 1913 begann schlecht. Virginia klagte über Kopfschmerzen, sie konnte nicht schlafen. Dazu kamen ihre Schwierigkeiten mit dem Roman, der ins Endstadium geraten war. Sie kam damit nicht recht weiter. Zweifel plagten sie. Und schließlich beunruhigten sie finanzielle Probleme, denn das Leben kostete viel Geld, und der Beruf, den sie beide gewählt hatten, das Schreiben, brachte nur minimale Beträge ein. Virginia besaß nicht so viel Vermögen, daß sie davon sorglos in die Jahre hineinleben hätten können. Alles Gründe, die sich auf Virginias Gemüt nicht gerade vorteilhaft auswirkten. Leonard kümmerte sich liebevoll um sie. Vom 13. Januar an notierte er penibel jeden Tag, wie es um ihre Gesundheit bestellt war. Virginia sah das; einerseits mit Dankbarkeit, andererseits bereitete es ihr ein schlechtes Gewissen, wußte sie doch sehr genau um ein weiteres Problem ihrer Ehe: Virginia konnte keinen Spaß am Geschlechtsakt empfinden. Als besonders unangenehm in diesem Zusammenhang empfand sie es wohl, daß Leonard ihr mit Behutsamkeit und einem fast ungeheuerlichen Verständnis begegnete.

Im März war *Voyage Out* endlich abgeschlossen. *Ich habe mein Buch an Gerald* [125] *geschickt, aber bis heute noch nichts gehört. Ich erwarte, daß es abgelehnt wird – letztendlich nicht die schlechteste Lösung.* [126] Gerald Duckworth nahm das Buch an. Damit aber war für Virginia wenig gerettet. Zwar war das Buch nun auf dem Weg zum Publikum, die Frage aber, wie die Leser darauf reagieren würden, ablehnend oder begeistert, trieb Virginia in noch tiefere Depressionen, ja sogar Wahnvorstellungen. Sie konnte kaum noch essen, magerte ab. Als dann die ersten Korrekturfahnen auf ihrem Schreibtisch lagen, wurde ihr Zustand unerträglich. Die Angst, von ihren Lesern verlacht zu werden, die Überlegungen, was der Sinn ihrer Kunst und schließlich ihres Lebens sei, das brach über ihr zusammen, zog sie in einen Strudel hinein. Virginias Ärzte schickten sie am 25. Juli wieder in die Klinik nach Twickenham. Der Aufenthalt dauerte bis zum 11. August. Dies war sicherlich die schlechteste Therapie für Virginia – damals kannte man das freilich nicht besser –, abgetrennt vom Londoner Leben und von Leonard, in der so sterilen Umgebung eines

THE VOYAGE OUT 265

try to find out, but can you imagine anything more ludicrous than one person's opinion of another person? ~~One goes along thinking one knows; but one really doesn't know.~~"

As he said this he was leaning on his elbow arranging and rearranging in the grass the stones which had represented Rachel and her aunts at luncheon. He was speaking as much to himself as to Rachel. He was reasoning against the desire, which had returned with intensity, to take her in his arms; to have done with indirectness; to explain exactly what he felt. What he said was against his belief; all the things that were important about ~~her~~ he knew ~~he felt them in the air around them~~; but he said nothing; he went on arranging ~~the stones.~~

"~~I like you; d'you like me?~~" Rachel suddenly ~~observed.~~

"I like you immensely," Hewet replied, speaking with the relief of a person who is unexpectedly given an opportunity of saying what he wants to say. He stopped moving the pebbles.

"Mightn't we call each other Rachel and Terence?" he asked.

"Terence," Rachel repeated. "Terence—that's like the cry of an owl."

She looked up with a sudden rush of delight, and in looking at Terence with eyes widened by pleasure she was struck by the change that had come over the sky behind them. The substantial blue day had faded to a paler and more ethereal blue; the clouds were pink, far away and closely packed together; and the peace of evening had replaced the heat of the southern afternoon, in which they had started on their walk.

"It must be late!" she exclaimed.

It was nearly eight o'clock.

"But eight o'clock doesn't count here, does it?"

At the same time he was extremely anxious to know what Rachel's opinion of him might be. Did she like him? As if she heard him ask the question she said "I like you—" she hesitated "D'you like me?" she asked.

Aus der ersten Ausgabe, mit Korrekturen Virginias

Irrenhauses zu leben. Die Isolierung zwang sie gerade dazu, weiter in sich zu bohren, sich in Frage zu stellen und das Schuldgefühl Leonard gegenüber zu verstärken – ein unheilvoller Prozeß, der vielleicht auch bereits Gedanken an Selbstmord nährte. Jedenfalls verließ Virginia die Klinik in noch schlechterem Zustand. Leonard brachte sie eiligst aufs Land, ins geliebte Asham. Virginias Verfassung verschlimmerte sich weiter, trotzdem mußten sie am 22. August wieder nach London zurück.

Weil Virginia sich so elend fühlte, wohnten sie vorerst am Gordon Square bei Vanessa. Die Zimmer im Clifford's Inn schienen Leonard nicht der Ort, um gesund zu werden. Der Arzt empfahl, noch eine weitere Erholungsreise anzuschließen. Sie fuhren nach Holford. Virginia begann sich zu hassen; sie hielt sich für ein Ekel, das die Menschen um sie herum abstoßen mußte. Sie hatte Schreckensvisionen, Angstträume und konnte ohne Veronal kein Auge zutun, und die Schlaflosigkeit trieb sie physisch dem völligen Zusammenbruch weiter entgegen. Am 8. September fuhren sie nach London zurück. Nichts hatte sich verändert. Leonard plante, einen anderen Arzt aufzusuchen. Sie wohnten jetzt wieder in ihrem Haus am Brunswick Square. Am 9. September passierte dann das Unglück: Um halb sieben abends – Virginia hatte scheinbar noch in guter Laune mit Vanessa Tee getrunken – fand man sie bewußtlos auf ihrem Bett. Daneben lagen die leeren Veronalschachteln. Man holte rasch einen Arzt, der ihr den Magen aushob. Die Nacht war schlimm, doch Virginia überwand die Krisis. Aber wie sollte es weitergehen? Den Ärzten war klar, daß Virginia an einer Geisteskrankheit litt. Der Gedanke lag nahe, sie in eine Anstalt zu bringen, aber Leonard lehnte dies ab, nachdem er einige solcher Institute besichtigt hatte. Er entschloß sich, alle Geduld für Virginias Pflege aufzubringen. Die Räume in Clifford's Inn waren dafür aber nicht geeignet. Asham war wieder die Rettung. Vom 18. November 1913 bis in den August 1914 hinein lebten sie dort.

Gerald und Leonard hatten sich inzwischen entschlossen, Virginias Roman vorerst nicht erscheinen zu lassen. Das Buch wurde dann erst am 26. März 1915 ausgeliefert, auch dies war nicht eine besonders glückliche Therapie für die überängstliche Schriftstellerin, die jetzt nur noch länger um ihr Buch bangen mußte. Daß die Ferien in Asham ein Erfolg sein könnten, wagte Leonard nicht mehr zu hoffen. Virginias Zustand, geistig wie körperlich, war nach wie vor katastrophal, vielleicht sogar noch schlechter als je zuvor. Rasende Kopfschmerzen peinigten sie. Der Ekel am eigenen Körper drückte sich immer nachhaltiger aus, daß sie das Essen fast ständig verweigerte und so bis auf die Haut abmagerte. Die Krankenschwestern, die Leonard engagiert hatte, waren machtlos. Leonard mußte Virginias Ausfälle ertragen und ständig einen weiteren Selbstmordversuch befürchten. Pausenlos versuchte er sie mit Engelsgeduld zum Essen zu bewegen. Dabei ging es ihm selbst nicht besonders gut. Auch er litt unter Kopfschmerzen und mußte dabei hart arbeiten, um die

nicht gerade geringen Kosten für den Lebensunterhalt und die Ärzte aufzubringen.

Leonard brachte Virginia dazu, ihr Leben wieder in eine ruhigere Bahn zu bekommen. Er stellte einen Verhaltensplan für sie auf, den sie auf sein inständiges Bitten tatsächlich auch genau einhielt. Leonard wollte Virginia, die tagsüber an enormen Erregungszuständen litt und nachts keinen Schlaf fand, mit einem fast pedantischen Tagesplan beruhigen. Das Frühstück nahm Virginia im Bett ein, möglichst immer zur gleichen Zeit. Der Zeitpunkt, zu dem sie ihr Glas Milch trinken oder sich im Garten bewegen oder abends zu Bett gehen sollte – alles war bis ins Detail mit genauen Zeitangaben geregelt. Und Leonard hatte Erfolg. Virginia legte Gewicht zu, wurde ruhiger, machte immer ausgedehntere Spaziergänge mit ihren

Hunden. Leonard hielt auch weiterhin Besucher fern, vermied alles, was Virginia zusätzlich erregen und so erneut aus der Bahn hätte werfen können. Besondere Aufmerksamkeit schenkte Leonard Virginias Ernährung. Er wog Virginia regelmäßig, notierte sich ihre Periode und versuchte ihr sanft und beharrlich auszureden, sich selbst für wahnsinnig zu halten.

Die Woolfs wollten wieder nach London zurück. Das normale Leben mußte weitergehen. Ohnehin konnte Leonard seines Berufs wegen nicht ständig in Asham bleiben. Er hielt es aber auch nicht für sinnvoll, Virginia immer wieder für mehrere Tage allein zurückzulassen.

1914 war nicht nur persönlich ein schweres Jahr für die Woolfs, auch die allgemeinen Lebensumstände sahen nicht gerade verlockend aus. Der Erste Weltkrieg stand vor der Tür. *Wir verließen Asham vor einer Woche, und praktisch war schon der Belagerungszustand verhängt. Soldaten patrouillierten an den Gleisen, und Männer hoben Gräben aus, und man sagte, der Gemeindeschuppen solle als Lazarett benutzt werden. Alle rechneten mit einer Invasion. Dann kamen wir durch London – großer Gott! Was da alles geredet wurde! Roger hatte natürlich private Informationen aus dem Marineministerium und hatte mit der Frau des deutschen Botschafters gesprochen, und Clive war bei Lady Ottoline zum Tee eingeladen, und sie redeten und redeten und sagten, das sei das Ende der Zivilisation und der Rest unseres Lebens sei nichts mehr wert . . .* [127]

Die Wohnungssuche in London gestaltete sich komplizierter, als die Woolfs zuerst gedacht hatten. Sie entschlossen sich deshalb, vorläufig bei einer Belgierin namens Le Grys in The Green 17 unterzukommen. Eigentlich wollten sie aber ein Haus mieten. In Richmond hatten sie ein anmutiges Herrenhaus aus dem 18. Jahrhundert entdeckt, ursprünglich ein großes Anwesen, inzwischen aber in zwei Hälften geteilt. Die eine Hälfte, Hogarth House, war frei. Nur schien es mit dem Mietvertrag nicht zu klappen, Leonard blieb jedoch beharrlich. Virginias Gesundheitszustand besserte sich; sie begann wieder zu schreiben. Das Leben wurde wirklich freundlicher, lebenswerter, wenn auch nur langsam. *Wir frühstücken,* heißt es in ihrem Tagebuch am 2. Januar 1915. *Danach machen L. und ich uns an unser Geschreibsel. Er schreibt seine Besprechung über Volkssagen zu Ende, und ich schreibe vier Seiten an der Geschichte der armen Effie; wir essen zu Mittag, lesen Zeitung und stellen fest, daß es nichts Neues gibt. Ich lese oben zwanzig Minuten Guy Mannering, dann gehen wir mit Max spazieren. Mitten auf der Brücke sahen wir, daß der Fluß, der sichtlich stieg, mit leichter Ebbe und Flut, wie ein pulsierendes Herz, uns den Weg abgeschnitten hat. Wir waren ihn vor fünf Minuten gekommen, nun stand er an einer Stelle mehrere Zentimeter tief unter Wasser . . . Und dann bin ich einkaufen gegangen. Samstag abend ist der große Einkaufsabend, und in manchen Geschäften stehen die Frauen in drei Reihen an. Ich suche mir immer die leeren Läden aus, wo man wahrscheinlich einen halben Penny mehr für das Pfund bezahlt. Und dann haben wir Tee getrunken, mit Sahne und Honig dazu; und jetzt tippt L. seinen Artikel; und den ganzen Abend werden wir lesen und dann ins Bett gehen.*[128]

Leonard betätigte sich in politischen Versammlungen, er war Mitglied der Fabian Society, einer der Labour Party angeschlossenen Vereinigung, und Virginia begann sich auch hierfür zu interessieren. Sie begleitete Leonard sogar und bewunderte seine Reden und Vorträge. Ihr Geburtstag am 25. Januar – sie wurde jetzt 33 Jahre alt – war ein glücklicher Höhepunkt. Heiter und ausgelassen feierten sie, ein Kinobesuch wurde absolviert und beim Tee schmiedeten sie Pläne, sobald wie möglich den Mietvertrag mit dem Eigentümer des Hogarth House abzuschließen. Mitte Februar schien aber die Krankheit zurückzukehren; morgens zeigten sich die ersten Symptome: Virginia redet verworrenes Zeug, warf sich unruhig hin und her. Leonard wußte, was das hieß. Aber am 25. Februar konnte Virginia erlöst an Margaret Llewelyn Davies schreiben: *Wie wundervoll sich alles verändert hat in den letzten Tagen. Ich bin zwar etwas müde, aber wieder ganz gesund. Es ist so wunderbar, daß ich es kaum glauben kann.*[129] Es war aber ein Auf und Ab. Bald mußte Leonard wieder Krankenpflegerinnen ins Haus bestellen. In The Green 17 mochte Leonard unter diesen Umständen nicht länger wohnen bleiben. Die Räume eigneten sich nicht für einen Mann mit einer geisteskranken Frau, die sogar Tobsuchtsanfälle bekam. Doch jetzt trafen sich zwei glückliche Umstände: Leonard konnte endlich mit dem Besitzer von Hogarth House den Mietvertrag abschließen, und am 26. März erschien Virginias Roman *The Voyage Out*. Virginias erstes Buch trägt deutlich autobiographische Spuren. Wie sie selbst aus dem Areal ihrer Kindheit, Hyde Park Gate, ins wirkliche Leben hinauszog, so läßt sie im Roman die junge Rachel Vinrace auf einem Frachter nach Südamerika fahren, dort eine Liebesgeschichte erleben und schließlich an einer Tropenkrankheit sterben. Das Buch ist ein sehr direkter Spiegel von Virginias Leben, den Problemen und den Menschen, die sie umgeben hatten und umgaben, ihren Eltern, ihrer Schwester Vanessa, den Bloomsbury-Freunden.

Virginia war weiterhin gereizt, äußerst aggressiv, ja sogar gewalttätig. Leonard litt besonders unter der Vorstellung, Virginia könnte zwangsweise in eine Nervenheilanstalt eingewiesen werden. Daß der Roman nun endlich erschienen war, steigerte nur Virginias Angst – obwohl das Werk mit beachtlicher Aufmerksamkeit aufgenommen wurde. Virginia bildete sich ein, die Leute buchstäblich zu hören, wie sie ihr Buch verspotteten. Sie beschimpfte Leonard, empfand Ekel vor ihm, stieß ihn zurück, er aber trug das alles mit unendlicher Geduld und Liebe. Virginia wurde am 25. März wieder in die Twickenhamer Klinik gebracht. Eine Woche lang blieb sie dort. Leonard besorgte inzwischen den Umzug ins neue Domizil. Die Ärzte konnten Virginia nicht helfen; als Kranke zog sie in das neue Haus ein. Leonard griff wieder zu seiner eigenen Therapie: Ruhe, behutsames Zureden, absolutes Besucherverbot, nicht die geringste Aufregung, nahrhaftes Essen – und tatsächlich: Virginias Zustand besserte sich. Im Sommer schien sie wieder einmal über den Berg zu sein. *Mir geht es wirklich wieder gut, und ich wiege 152 Pfund! – 39 Pfund mehr, als ich früher gewogen habe, und die Folge davon ist, daß ich kaum noch einen Berg hochkomme, aber offensichtlich ist das vorzüglich für meine Gesundheit. Ich bin von morgens bis abends glücklich und ich freue mich, bald meine Krankenschwester los zu sein.*[130]

Virginia war wieder gesund, doch jetzt drohte ein neues Desaster. Leonard sollte zur Armee eingezogen werden. Der Krieg brauchte Menschen. Wäre Leonard Soldat geworden, hätte das Virginia hart getroffen: Ohne ihn wäre sie nicht lebensfähig gewesen. Leonard hatte Glück. Seit je litt er unter einem Zittern der Hände. Die Musterungskommission akzeptierte seine Dienstunfähigkeit.

Leonard war skeptisch, ob Virginias Gesundheitszustand anhalten würde. Deshalb traf er Vorkehrungen, das heißt, er organisierte ihren Tagesablauf durch und durch. Um jegliche Unruhe von ihr fernzuhalten, selektierte er die Besucher. Und manchen, den Leonard nicht besonders mochte, ekelte er so elegant und bestimmt aus dem Haus. Leonard fand seine Therapie immer wieder bestätigt: Häuften sich Besuche bei Virginia, so klagte sie anderntags todsicher über Kopfschmerzen. Und was sich daran üblicherweise anschloß – davor graute es Leonard. Seine Angst vor neuen Schüben der Geisteskrankheit war jedoch unbegründet. Das Leben in Richmond ließ sich gut an – trotz des Krieges, permanenter Geldnöte und der ungewissen Existenz zweier Schriftsteller, die sich noch nicht durchgesetzt hatten. Daß sie nicht mehr im Herzen Londons, sondern an der Peripherie in Richmond wohnten, hatte einen zusätzlichen heilvollen Einfluß auf Virginia. *Wir gehen am Fluß spazieren und durch den Park und dann zu einer frühen Teestunde nach Haus.*[131]

Das Leben im Hogarth House spielte sich weiterhin nach Leonards Regeln ab. Morgens setzten sie sich beide an ihre Schreibtische und arbeiteten an Artikeln oder Erzählungen. Die Nachmittage waren regelmäßig – darauf achtete Leonard ganz besonders – einem mehr oder weniger ausgedehnten Spaziergang gewidmet. Dann nahmen sie den Tee ein, erzählten, räsonierten, scherzten. Ein- oder zweimal in der Woche mußte Leonard nach London fahren. Oft begleitete ihn Virginia, weil sie Besorgungen zu machen hatte, Freunde zum Tee aufsuchte oder Material in einer Bibliothek nachschlagen wollte. An Sonntagen setzten sie sich in den Zug oder Bus und unternahmen Ausflüge in die Umgebung.

Sie arbeiteten beide äußerst emsig. Sie wollten sich mit dem Schreiben ernähren. Besonders Virginia hatte seit 1913 kaum einen Shilling verdient – vorher hatte ihre Rezensionstätigkeit ihr schon etwas eingebracht –, andererseits hatte die Krankheit aber sehr viel Geld gekostet. So ist es verständlich, daß Virginia viel daran lag, selbst auch etwas zum Lebensunterhalt beizusteuern. *The Voyage Out* hatte bis 1916 jedoch nur 25 Pfund erbracht, eine fast lächerliche Summe, wenn man dagegenhält, daß Virginia 1916 allein um die 25 Pfund an ihre Ärzte bezahlen mußte. 1916 verbrauchten beide – Leonard hielt das mit eigentümlicher Akribie fest – immerhin 678 Pfund. So war jeder Shilling höchst willkommen und löste fast kindische Freude aus. *Leonard stellte in der Badewanne fest, eigentlich habe er jetzt ein bißchen Glück verdient, und als er seine Briefe aufmachte, fand er einen Scheck über 12 Pfund von einer schwedischen Zeitung, die nie erschienen ist und die trotzdem ihre Schulden bezahlt. Ich selber bekam auch vier Pfund.*[132]

Virginia hatte einen neuen Roman begonnen, *Night and Day* (Nacht und Tag). Einerseits machte sie sich mit viel Lust an die Arbeit, weil sie das Buch konventionell konzipiert und diesmal kein für sie so selbstzerstörerisches experimentelles Werk wie das Erstlingsbuch im Sinn hatte, andererseits erlahmte ihre Begeisterung aber immer wieder, und die Arbeit zog sich sehr zäh hin. Sie schrieb jetzt wieder eifriger ihre Beiträge für das «Times Literary Supplement». 1916 lieferte sie 12 Beiträge nach London, im folgenden Jahr waren es sogar 32. *Diese Art von Schreiben ist allemal ein Wettlauf mit der Zeit, soviel Zeit ich auch habe ... Ich schreibe; man ruft an und sagt, ich solle aufhören: sie müßten die Besprechung am Freitag haben; ich tippe, bis der Bote der Times erscheint; ich korrigiere die Seiten in meinem Schlafzimmer, während er hier am Kamin sitzt.*[133] Die journalistische Arbeit brachte Betriebsamkeit in Virginias Leben. Die Post schleppte Bücher an, Berge davon warteten auf die Lektüre, es gab viel zu überdenken, zu schreiben, und alles im Eilzugtempo. Das Telefon stand nicht still. *Gestern, am späten Abend, wurde mir gesagt, ich solle den Henry James möglichst bis Freitag fertig haben, so daß ich mich heute morgen dahintermachen mußte, und da ich nur ungern Zeit für Artikel opfere und es doch tun muß, bin ich froh, daß das jetzt nicht mehr in meinem Belieben steht.*[134] Doch Virginia brauchte diese Hektik, zeigte sie ihr doch, daß man ihre Arbeit gut fand, begehrte. Ein Beweis: Bekam sie von einem bestimmten Verlag oder Herausgeber plötzlich einmal keine Rezensionsexemplare mehr, nahm sie sofort an, die betreffende Redaktion habe sie als Mitarbeiterin abgeschrieben. Aber diese Arbeit hatte auch eine Kehrseite: Der Tagesjournalismus kostete Zeit – viel Zeit, die ihr dann beim Romanschreiben fehlte. Vielleicht förderte sie dies auch unbewußt, denn die Romanarbeit war ihr Lust und Horror zugleich. Die journalistische Arbeit war aber auch wiederum notwendig, weil eine unverzichtbare Geldquelle.

Den Krieg bekamen die Woolfs nicht unmittelbar zu spüren. Man hörte von Freunden, die gefallen waren, oder daß deutsche Luftschiffe Bomben auf London warfen. *Vor fünfundzwanzig Minuten schossen die Kanonen und verkündeten den Frieden. Auf dem Fluß heulten die Sirenen. Sie heulen noch immer. Ein paar Leute liefen ans Fenster, um hinauszusehen. Die*

Krähen zogen ihre Kreise und hatten einen Augenblick lang das symbolische Aussehen von Wesen, die eine Zeremonie vollziehen, teils der Danksagung und teils des Abschieds am Grab. Ein wolkenreicher, windstiller Tag; der Rauch wälzt sich träge nach Osten; und auch das hat einen Augenblick lang das Aussehen von etwas, das treibt, flattert, erschlafft. Wir sahen aus dem Fenster; sahen den Anstreicher, der einen kurzen Blick auf den Himmel warf und dann mit seiner Arbeit fortfuhr; sahen den alten Mann, der mit seinem Köter und einer Einkaufstasche, aus der ein Brotlaib hervorragte, die Straße herunterkam. Bisher weder Glocken noch Fahnen, nur das Heulen der Sirenen und hin und wieder Kanonenschüsse.[135]

Das Jahr 1919 brach an. Virginia Woolf hatte ihren zweiten Roman *Night and Day* abgeschlossen. Es waren keine leichten Jahre, auf die sie seit ihrer Heirat zurückblicken konnte: die lange, immer wieder aufflackkernde Krankheit, die ständige Bedrohung, gänzlich in den Abgrund des Wahnsinns zu stürzen; die Enttäuschung darüber, daß unlösbare Probleme ihre Ehe belasteten: die Kinderlosigkeit, die Schwierigkeiten im sexuellen Bereich; der bescheidene ideelle und materielle Erfolg ihrer schriftstellerischen Arbeit; der Krieg; Freundschaften, die zu Ende gegangen waren, der verblichene Abglanz von Bloomsbury – und doch sah die Zukunft nicht schal und grau aus. Virginia fühlte sich wohl, ja geradezu gesund und unternehmungslustig. Und das Wesentlichste: Virginia konnte Leonard vertrauen, er hatte sie in allem akzeptiert. Die Liebe der beiden, wenn man das so nennen will, war eine festgefügte, nie in Frage gestellte Basis. *Ich liege da und denke an mein teures Biest, das mich Tag für Tag meines Lebens glücklicher macht, als ich es für möglich gehalten hätte. Gar kein Zweifel, ich bin schrecklich in Dich verliebt. Ich denke dauernd daran, was Du wohl tust, und muß rasch damit aufhören – es ruft in mir den Wunsch wach, Dich zu küssen.*[136]

Hogarth Press

Der Gedanke an eine Verlagsgründung muß abenteuerlich anmuten, wenn man bedenkt, in welch bescheidenen Verhältnissen die Woolfs lebten. Leonard brachte so gut wie kein Vermögen in die Ehe mit; am 1. Januar 1912 besaß er ganze 517 Pfund 15 Shilling 2 Pence. Im Jahr brachte das 30 Pfund an Zinsen ein. Von seiner Mutter, die ohne Mann neun Kinder großgezogen hatte, war nichts zu erwarten. Die Einkünfte, die Leonard als ehemaliger Kolonialbeamter bezog, knapp 260 Pfund im Jahr, machten ihn auch nicht zum wohlhabenden Mann. Ebensowenig die Einkünfte aus seiner schriftstellerischen Arbeit. Virginia selbst besaß mehr, ein Vermögen von ungefähr 9000 Pfund, das pro Jahr immerhin 400 Pfund Zinsen eintrug. Damit konnte man bei äußerster Sparsamkeit auskommen. Allerdings war der Unterhalt für zwei Wohnsitze in London und auf dem Land in Asham kostspielig – Dienstboten kosteten zwar damals nicht viel, aber umsonst bekam man sie nicht. Nimmt man noch die ständigen Arztrechnungen, die Virginias Krankheit verursachte, hinzu, versteht man, daß die Woolfs jahrelang in den roten Zahlen lebten. Ständig liehen sie sich von guten Freunden Geld. Und so kamen sie über die Runden. Freilich mußten sie mit zäher Verbissenheit sparen. Alles, was nach Luxus aussah, war verpönt, beispielsweise Schallplatten, häufige Taxifahrten oder viele Zigarren. Bücher liehen sie sich meistens von öffentlichen Bibliotheken oder von Freunden.

Der Gedanke, in dieser wirtschaftlichen Situation einen Verlag gründen zu wollen, konnte kaum aus unternehmerischen Überlegungen heraus geboren sein. Investieren konnten die Woolfs nichts. Und mit einem Verlag Geld, gar einmal viel Geld, zu verdienen – daran war überhaupt nicht zu denken. Daß sie selber Bücher drucken wollten, hatte ganz andere Gründe.

Der Plan, Verleger zu werden, entstand freilich nicht plötzlich. Sie hatten sich bereits Mitte Februar 1915 in einem Geschäft über Druckerpressen informiert. Virginia schrieb darüber an Margaret Llewelyn Davies: *Hast Du schon von unserer Druckerpresse gehört? Wir sind beide so aufgeregt, daß wir schon nichts anderes mehr reden oder denken ... Solche Pressen kosten nur 17 Pfund 17 Shilling, und man kann sie ganz einfach handhaben.*[137] Vermutlich war ihnen das aber zu viel Geld. Außerdem wurde

Virginia wieder krank. Am 25. März mußte Leonard sie für kurze Zeit in die Klinik bringen. Doch die Druckmaschine spukte weiter in ihren Köpfen herum. Im Oktober 1916 überlegten sie, ob sie sich nicht zuerst einmal die notwendigen technischen Fertigkeiten auf einer Druckereischule aneignen sollten. Den Ausschlag für die Entscheidung, endlich doch eine solche Maschine zu kaufen, gab wohl Leonards Überlegung, damit Virginia eine manuelle Beschäftigung zu verschaffen, sie abzulenken und aus ihren Depressionen zu reißen. Daß die Druckerpresse quasi Therapie war, leugnete Leonard später entschieden. Weiter mag natürlich auch – beide waren sie Schriftsteller und kannten zur Genüge die Abhängigkeit des Autors vom Verleger – die Vorstellung mit eine Rolle gespielt haben, ihre Werke später einmal selbst veröffentlichen zu können.

Am 23. März 1917 gingen Virginia und Leonard auf der Farrington Street spazieren und entdeckten per Zufall in der Nähe des Holborn Viaduct ein kleines Geschäft, das Druckerpressen samt Zubehör verkaufte. Sie gingen in den Laden, und der Besitzer bot ihnen nicht nur eine gebrauchte Handpresse mit allem Zubehör wie Drucktypen und Farbe an, sondern er ermutigte sie auch noch. Noch verlockender war der Preis, den der Ladeninhaber für die ganze Ausstattung haben wollte: 20 Pfund. Der Handel war im Nu perfekt.

So begann die Geschichte der Hogarth Press. Einen Monat später wurde die kleine Handpresse angeliefert und im Wohnzimmer wie ein Wunderding aufgestellt. *Es ist geplant,* heißt es in der ersten auf der Maschine gedruckten Subskriptionsankündigung, *in Kürze ein Heft herauszubringen, das zwei kurze Erzählungen von Leonard Woolf und Virginia Woolf enthalten wird. (Preis, einschließlich Porto, 1 Shilling 2 Pence).*[138] Die Erzählungen waren «Three Jews» von Leonard und *The Mark on the Wall* (Der Fleck an der Wand) von Virginia. Die Arbeit am ersten schmalen Opus war ein Abenteuer, besser: eine Schinderei – aber sie machte ihnen ungeheuren Spaß. Magere 34 Seiten hatte die geplante Broschüre, aber weil die Woolfs nicht genug Lettern besaßen, konnten sie nur jeweils zwei Seiten auf einmal setzen, dann druckten sie Seite für Seite, nahmen den ganzen Satz wieder auseinander und setzten die nächsten beiden Seiten. So saßen sie gut zwei Monate jeden Nachmittag an der Presse, um die ersten 150 Exemplare zu drucken. Sie schnitten und banden die Bücher, sie machten die einzelnen Exemplare versandfertig und schrieben Rechnungen aus.

Es war auch kein Problem, das erste Werk, stolz in farbiges Grasleinenpapier gebunden, mit vier Holzschnitten von Dora Carrington, zu verkaufen. Bevor das Heft ausgeliefert wurde, hatten schon 100 Subskribenten bestellt, alles enge Freunde oder weitläufige Bekannte der Woolfs. Im Laufe der folgenden zwei Jahre wurde die ganze Auflage abgesetzt. Die Woolfs waren mit Begeisterung und als Amateure in das Geschäft eingestiegen. Trotzdem hatte Leonard das Unternehmen vom Startschuß weg sofort ernst genommen. Er fungierte als Geschäftsführer. Was er als Verwaltungsbeamter auf Ceylon gelernt hatte, praktizierte er auch hier mit Konsequenz: Leonard wirtschaftete nicht ins Blaue hinein, sondern plante mit kühlem Kopf. Sein spitzer Rechenstift ermöglichte ein für solche künstlerischen Unternehmungen, von denen es auch damals viele gab, erstaunliches Resultat: Hogarth Press machte von Anfang an einen schmalen Gewinn, beim ersten Band 6 Pfund 7 Shilling. Freilich hatten die Woolfs ihre Arbeitsstunden nicht mitgerechnet. Den Gewinn benutzten sie, um zusätzliche Drucktypen und eine Papierschneidemaschine anzuschaffen. *Ich sehe schon*, begeisterte sich Virginia in einem Brief an ihre Schwester Vanessa, *drucken frißt einen mit Haut und Haar. Ich werde*

Die Minverva-Tiegeldruckpresse

gleich zu Katherine Mansfield gehen und sehen, eine Erzählung von ihr zu bekommen.[139]

Katherine Mansfield war eine Freundin, die ihr Lytton Strachey 1916 vermittelt hatte. Virginia bewunderte Katherines Erzählungen, die einesteils von erstaunlicher sprachlicher Präzision und Echtheit waren, andernteils effektheischend und geradezu banal. Virginias Beziehung zu Katherine blieb zwiespältig: *Ihr unerfreulicher, aber starker und äußerst skrupelloser Charakter*[140] befremdete Virginia, trotzdem wollte sie eine Erzählung von Katherine Mansfield, als Nummer zwei, in ihrem Verlag drucken. Virginia mußte fest an den Wert dieses 68 Seiten langen Buches geglaubt haben, denn acht Monate lang standen sie und Leonard jeden Nachmittag an der Presse. Virginia setzte und Leonard druckte, außerdem leisteten sie sich die erste Hilfskraft, Barbara Hiles, für drei Tage in der Woche. Das Buch war technisch besser, aber kein Erfolg. Mitte 1918 erschien es; die erste Auflage war erst 1923 vergriffen. In die roten Zahlen aber brachte das Buch den kleinen Verlag nicht. Man schloß die Bilanz wieder mit einem knappen Gewinn von 16 Pfund.

Bei der kleinen Druckmaschine konnte es nicht bleiben. 1921 kauften sie sich eine stattlichere Minerva-Tiegeldruckpresse. Hier und da vergaben sie auch schon Druckaufträge an professionelle Druckereien. Je mehr Bücher verlangt wurden, desto höher kletterten auch die Auflagenzahlen. Und 1927 brachte Hogarth Press immerhin 40 Neuerscheinungen heraus. Je professioneller sich das Geschäft entwickelte, um so weniger konnten sich die beiden Verleger weiterhin um jede Einzelheit, vor allem um die handwerklichen Details, kümmern. Doch bis 1932 opferten sie beide viel Zeit, auch recht triviale Tätigkeiten zu verrichten. Das reichte vom Setzen, Drucken und Binden bis zur Administration: Päckchen mußten gepackt und weggebracht, Korrespondenz erledigt und Rechnungen ausgeschrieben werden. Sie waren sich auch nicht zu schade, die Walze der Maschine von der Farbe zu reinigen oder hin und wieder das chaotische Lager zu ordnen. Aber das kostete Zeit und Kraft. Im Laufe der Jahre wuchs ihnen die Arbeit mit dem Verlag immer wieder einmal über den Kopf, und sie überlegten, ob sie die Hogarth Press nicht aufgeben sollten, zumal sowohl Leonard mit seiner journalistischen und politischen Arbeit inzwischen recht ansehnliche Einkünfte erzielte und Virginia als Romanautorin Auflagen erreichte, die sich in Pfund und Shilling sehen lassen konnten. Für die Woolfs war die Verlegerei Steckenpferd, ein Ausgleich und eine faszinierende Tätigkeit, die eng mit dem Schreiben verknüpft war: Einmal ganz vordergründig – manuell – Sprache entstehen zu lassen, Buchstabe um Buchstabe – das beispielsweise zog Virginia immer wieder an. Sich mit dem Verleg in der literarischen Öffentlichkeit und dazu noch unter einem kommerziellen Aspekt zu profilieren, lag den Woolfs nicht im Sinn. Um sich literarisch zu beweisen, hatten sie ihre eigentliche Arbeit, ihre Rezensionen, Artikel und Romane.

T. S. Eliot

Virginia war der Lektor des Verlags, wenn auch Leonard bei der Auswahl der verlegten Bücher ein Wort mitzureden hatte. Virginia aber bestimmte das Programm. *Ich las und las*, heißt es am 8. Dezember 1929 in ihrem Tagebuch, *und bewältigte wohl einen etwa einen Meter hohen Manuskriptstapel, las auch sorgfältig, da vieles davon an der Grenze war, also überdacht werden mußte.*[141] Virginia brachte ein Autorenensemble zusammen, um das sie der etablierteste Verlag beneiden mußte. Gleich in den ersten vier Jahren entdeckten die Woolfs T. S. Eliot.

Einen besonderen Verdienst erwarb sich die Hogarth Press mit Übersetzungen aus dem Russischen. 1919 erschienen die «Reminiscences of Leo Nicolayevitch Tolstoi» von Maxim Gorki, damit begann eine Serie russischer Literatur mit Werken von Tschechov, Tolstoj und Dostojevskij. Die Woolfs hatten den russischen Juden Samuel Solomonawitsch Koteljansky als Übersetzer gewonnen, eine bekannte Gestalt des Bloomsbury-Kreises. Koteljansky besorgte die Rohübersetzung und

Leonard feilte daran. Die Hogarth Press brachte auch wichtige amerika-
nische Bücher nach England, so von Edward Arlington Robinson, John
Crowe Ransom oder Robinson Jeffers. Auch der Kontinent wurde für
England entdeckt, die Romane Italo Svevos oder die Gedichte Rainer
Maria Rilkes. Und nicht nur schöngeistige Literatur lief durch das Lekto-
rat: John Maynard Keynes war mit seinen wirtschaftswissenschaftlichen
Werken vertreten. Sigmund Freud mit seiner Psychoanalyse. Und
schließlich liest sich der Autorenkatalog der Hogarth Press wie ein Re-
nommierkatalog aus dem zeitgenössischen Leben: John Betjeman, Ro-
bert Graves, Christopher Isherwood, C. Day Lewis, Rose Macaulay, Harold Nicolson, William Plomer, Herbert Read, Edith Sitwell, Gertrude
Stein, Vita Sackville-West, Stephen Spender, Hugh Walpole, H. G.
Wells, Rebecca West.

Ohne Angestellte kam die Hogarth Press nach einiger Zeit nicht mehr
aus. Aber die Personalfluktuation war beträchtlich, was mit Leonards
Streitlust und Unnachgiebigkeit zusammenhing. Virginia dagegen wirkte
ausgleichend. Leonard war der ungeliebte Chef, der seinen Angestellten
unbarmherzig über die Schultern sah, nicht zuließ, daß auch nur ein
Penny unter den Tisch fiel oder auch nur eine Minute verplempert wurde.
Und wenn es ums Geld ging war Leonard zuerst einmal Kaufmann. Träu-
merei und Euphorie hatten da nichts zu suchen. Leonard griff aber mit
seinem Sicherheitsbedürfnis auch ab und zu daneben, wie sich später her-
ausstellte: Sartre, Auden oder Saul Bellow lehnte er ab. Den größten
Fehler begingen die Woolfs wohl, als sie James Joyce nicht verlegten.

Eine der wichtigsten Autoren der Hogarth Press sollte Virginia selber
werden. Ihr zweites Werk aus dem Hogarth House war eine Erzählung,
Kew Gardens (Im Botanischen Garten). Das persönliche Abenteuer
dieser ersten Publikation, abgesehen von dem Abenteuer, selber Verleger zu sein, war für Virginia eine Quelle höchster Irritation. Zumal *Kew
Gardens* parallel mit zwei anderen Titeln erscheinen sollte. Am 12. Mai
1919 notierte sie in ihr Tagebuch: *Wir stehen mitten in der Saison. Murry,
Eliot und ich selbst*[142] *sind seit heute morgen unter die Leute gebracht.
Deshalb fühle ich mich wohl etwas deprimiert. Ich las ein gebundenes Exemplar von Kew Gardens durch; diese schlimme Aufgabe hatte ich aufge-
schoben bis zuletzt. Mein Eindruck ist unbestimmt. Die Geschichte kommt
mir schwach und kurz vor. Ich weiß eigentlich nicht, warum ihre Lektüre
Leonard so beeindruckt hat. Nach seinen Worten ist es die beste Geschichte, die ich bis heute geschrieben habe.*[143] Virginia wartete voller
Spannung darauf, wie die Öffentlichkeit das Buch aufnehmen sollte. Am
27. Mai fuhren die Woolfs nach Sussex in Ferien, am 3. Juni kehrten sie
wieder nach London zurück. *Ich muß mich selber loben ... Als wir aus
Asham zurückkamen, fanden wir den Tisch im Hauseingang überschüttet
mit Bestellungen von Kew Gardens. Sie lagen auf dem Sofa, und wir öffne-
ten sie nach und nach während des Mittagessens, und wir stritten dabei*

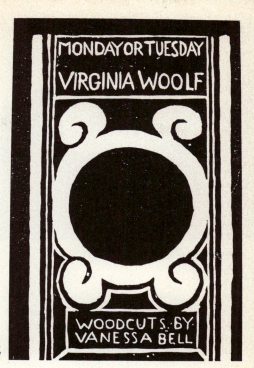

Aus der Hogarth Press, Erstausgabe 1921

miteinander, muß ich zu meinem Bedauern sagen, weil wir beide furchtbar aufgeregt waren ... Alle Bestellungen – ungefähr 150 von Buchhandlungen und privater Seite – rühren von einer Besprechung im Literary Supplement her, in der mir soviel Lob zuteil wurde, wie ich nur erwarten kann. Und 10 Tage vorher dachte ich hartnäckig an eine komplette Katastrophe.[144] Ihren zweiten Roman *Night and Day* hätte Virginia auch gerne im eigenen Verlag veröffentlicht, aber dazu war die Druckkapazität zu gering. *Night and Day* erschien, wie Virginias Erstling, bei Duckworth. Erst der dritte Roman, *Jacob's Room* (Jakobs Raum), kam 1922 bei Hogarth Press heraus.

1923 diskutierten die Woolfs erneut einen Umzug. Virginia hatte schon lange darauf gedrängt, wieder nach London zu gehen, was Leonard wegen ihres fraglichen Gesundheitszustandes nur ungern sah. Virginia hatte ein neues Haus am Tavistock Square 52 gefunden. Am 13. März 1924 zogen sie um. Der Verlag kam in das Souterrain. Das ehemalige Billardzimmer an der Rückseite des Hauses wurde Virginias Arbeitszimmer und gleichzeitig Buch- und Papierlager. Ideal waren die Räume nicht, bedenkt

Charleston, Firle/Sussex

man, wie sehr der Verlag trotz Leonards Tendenz, das Geschäft klein und übersichtlich zu halten, expandierte. In allen Räumen – man saß ungeheuer eng aufeinander – herrschte ein stetes Kommen und Gehen.

Es gab viele Reibereien und Streit. Die Lektoren, die Leonard engagierte, waren nicht damit zufrieden, bloß Hilfskräfte zu sein. Es waren junge Leute mit Ambitionen[145], die sich natürlich für das Verlagsprogramm einsetzen und dadurch persönliches Profil gewinnen wollten. Sie hatten bemerkenswerte Bücher im Sinn, an die Kosten dachten sie weniger. Dies tat aber um so beharrlicher Leonard. Er hielt starrsinnig an seiner Vorstellung fest, der Verlag solle eine Art Heimbetrieb bleiben. Zeitlebens lehnte er es beispielsweise ab, einen Vertreter für die Hogarth Press anzustellen. Vertrieb und Werbung blieben deshalb stete Sorgenkinder. Und das brachte auch Nachteile: Hatten die Woolfs wieder einmal einen unbekannten Autor mit ein oder zwei Titeln durchgesetzt, so sprang der bald ab. Andere Verlage boten einem jungen vielversprechenden Autor mit ihrem professionellen Publikationsapparat andere Chancen. Aber das brauchte die Woolfs nicht zu grämen: Virginias Bücher blieben die Basis des Geschäfts – und im Laufe der Jahre ein immer einträglicheres Geschäft.

Einer der bedeutendsten Lektoren der Hogarth Press trat im Oktober 1930 bei den Woolfs den Dienst an, John Lehmann. Er hielt es aber auch nur ein Jahr aus, doch er blieb mit den Woolfs in Verbindung, und 1938 trat er als Partner in den Verlag ein; Virginia verkaufte ihm ihren Anteil, die Hälfte des Verlags. Das hieß jedoch nicht, daß sie sich aus dem Verlagsgeschehen zurückzog. Nach wie vor wirkte sie an der Programmgestaltung mit. So war sie maßgeblich an der Konzeption der sechzehnbändigen Reihe Hogarth Lectures in Literature beteiligt, die Autoren wie Edwin Muir, F. L. Lucas, Harold Nicolson und Rose Macaulay vereinte, oder der auf 35 Bände veranschlagten Reihe Hogarth Essays. Die Zusammenarbeit zwischen Leonard und Lehmann gestaltete sich natürlich nicht unproblematisch, doch sie hielt bis 1946. Da erst entschloß sich Lehmann, sich wieder von der Hogarth Press zu trennen.

Der Verlag begleitete seit seiner Gründung die Woolfs wie ein Kind, mit allen Freuden und allem Ärger für die Eltern. Es gab viele Krisen, merkwürdigerweise aber nie solche wirtschaftlicher Art; schlecht ging es dem Verlag nie. Krisen entstanden nur dann, wenn der Verlag den Woolfs zu viel Arbeit und Mühe bereitete und ihnen die Zeit für ihre eigentliche Arbeit, das Schreiben, wegnahm. Hogarth Press wurde rasch einer der renommiertesten Verlage der britischen Literaturszene, berühmt für sein Interesse an der Avantgarde, für seine Lyrikbände, seinen Mut, unbekannte Autoren durchzusetzen und wichtige ausländische Werke, auch Sachbücher, dem englischen Leser vorzustellen.

Karriere

In der Stephens-Familie gab es zwar seit Generationen Journalisten, Philosophen und Schriftsteller, aber keine Romanciers. Virginias Vater war ein zu seiner Zeit nicht unbedeutender Schriftsteller und Kritiker, aber keiner der ersten Garde. *Zwischen seiner kritischen und seiner schöpferischen Begabung gab es eine Diskrepanz, die in seinen Büchern so offen zutage tritt. Gib ihm,* schrieb Virginia, *einen Gedanken von Mill, Bentham oder Hobbes zum Analysieren, und ... seine Analyse ist scharf, klar und präzise, ein Musterbeispiel für den analytischen Geist von Cambridge. Aber konfrontiere ihn mit dem Leben, mit einem Menschen, und er ist unreif, so infantil, so konventionell, daß ein Kind mit Buntstiften ein genauso differenzierter Porträtist wäre, wie er es ist.*[146] Musik, Kunst, Theater – dafür konnte sich Leslie Stephen nie erwärmen. Diese Sensibilität, die Neugier für den Menschen und die Welt, für die Kreatur und für das Gespinst, das ein Dasein ausmacht, besaß Virginia. Sie wollte die Wirklichkeit in sich und um sich herum schärfer durchleuchten, verstehen, erfassen. Sie versuchte dies nicht mit dem intellektuellen Instrumentarium, das ihre Brüder Adrian und Thoby in Cambridge vermittelt bekamen, sondern mit schlichter akribischer Beobachtung der Außenwelt und der Welt in ihrem Innern. Ausgangspunkt ihrer Schreibversuche waren die Empfindungen, all das, was ihr die Sinne zutrugen. Das Schreiben war ihr Versuch, das Leben sinnvoll zu machen: dem Tag möglichst viele bewußt erlebte Augenblicke abzuringen.

Ein großer Teil des Tages wird nicht bewußt gelebt. Man geht spazieren, ißt, sieht alles mögliche und befaßt sich mit dem, was getan werden muß: mit dem defekten Staubsauger, dem Planen des Dinners, dem Schreiben der Einkaufsliste für Mabel, mit Waschen, Kochen, Buchbinden. An einem schlechten Tag ist der Anteil des Nicht-Seins viel größer ... Der echte Romancier kann irgendwie beide Arten des Seins zum Ausdruck bringen. Jane Austen kann es und Frances Trollope, vielleicht noch Thackeray und Dickens und Tolstoj. Ich habe nie beide vereinen können.[147] Wenn ihr in den Momenten des Seins, den großen oder trivialen, für ihr Bewußtsein aber entscheidenden Augenblicken etwas widerfuhr, war es ein Schock für sie. Das konnte der Augenblick eines Blumenarrangements sein oder die Nachricht über den Selbstmord eines Bekannten. Sofort erwachte in

1926

ihr das Bedürfnis, die Hintergründe des Wahrgenommenen zu erfassen: die Wirklichkeit hinter der Erscheinung. Und – indem sie es niederschrieb – versuchte sie es zu konkretisieren, zu bannen. *Nur dadurch, daß ich es in Worte fasse, mache ich es zur Ganzheit, und diese Ganzheit bedeutet, daß der Schlag seine Macht, mich zu verletzen, verloren hat; und dadurch, daß ich das tue, eliminiere ich vielleicht den Schmerz, und es erfüllt mich mit großer Freude, die getrennten Teile zusammenzufügen.*[148] Virginia mußte schreiben, um existieren zu können, um – banal gesagt – das

Leben auszuhalten. Aus dem Akt des Schreibens wuchs unverhohlen Lust. Sie geriet in Verzückung, *wenn mir, während ich schreibe, bewußt wird, was zusammengehört, wenn mir eine Szene gelingt, wenn ich einen Charakter gestalte*. Virginia hatte eine Philosophie formuliert, sie war der Meinung, *daß hinter der Watte* – und damit meinte sie die Welt, die den Menschen umgibt – *ein Plan versteckt ist, daß wir – ich meine, alle Menschen – damit im Zusammenhang stehen, daß die ganze Welt ein Kunstwerk ist, und daß wir alle Teile dieses Kunstwerks sind. Hamlet oder ein Beethoven-Quartett sind das Wahre über dieser ungeheuren Materie, die wir die Welt nennen. Aber es gibt keinen Shakespeare, es gibt keinen Beethoven und bestimmt und entschieden gibt es keinen Gott; wir sind die Sprache, wir sind die Musik, wir sind das Ding an sich. Und ich sehe das, wenn ich einen Schock habe*. Das Leben beschränkt sich nicht auf das, *was man sagt und tut, auf unseren Körper*, man *lebt ununterbrochen nach gewissen Maßstäben und Vorstellungen des Unbewußten*.[149]

Virginia kam früh zum Schreiben. Es fing mit gelegentlichen Tagebuchnotizen ab Januar 1897 an. Sie schrieb Alltagserlebnisse auf oder ihre Gedanken bei der Lektüre eines Buches; es entstanden auch andere kleine Arbeiten, in denen sie den Stil der Autoren nachahmte, für die sie sich gerade begeisterte. Diese ersten Manuskripte gingen verloren. Überliefert sind dagegen Zeugnisse ihrer journalistischen Anfänge. Die Stephens-Kinder hatten eine Art Familienzeitung, die «Hyde Park Gate

Von links nach rechts: Quentin Bell, Edward Sackville-West, Harold Nicolson, Virginia und Leonard Woolf, 1927

News», in die Welt gesetzt. Von 1891 an erschien das Blatt jede Woche regelmäßig bis 1895, dann nur noch sporadisch. Es war eine aufregende Freizeitbeschäftigung der Geschwister.

Bevor Virginia ernsthaft mit ihren journalistischen Arbeiten für den «Guardian» anfing, übte sie sich beinahe systematisch im Schreiben. Daß Violet Dickinson mit einer Redakteurin befreundet war, die die Frauenbeilage des «Guardian», der jede Woche in London erschien, betreute, machte den ersten Kontakt leichter. Als erste Arbeit schickte Virginia einen Bericht an die Redaktion, in dem sie ihre Eindrücke vom Besuch des Pfarrhauses in Haworth wiedergab. Für den «Guardian» schrieb sie regelmäßig kleine journalistische Arbeiten; sie kam so ins Geschäft und lernte, für die Tages- und Wochenpresse kurz und bündig und unterhaltsam zu schreiben. Ihre Karriere als Literaturkritikerin begann 1905. Mit der Besprechung eines Geographiebuches hatte sie ihr Debüt im renommierten «Times Literary Supplement», dem sie ihr Leben lang die Treue hielt, und Kritiken waren ihr, obwohl sie es später finanziell nicht mehr nötig hatte, immer eine willkommene Abwechslung von der aufreibenden Arbeit an den Romanen.

Virginias Anfang als Romancier war kein Blitzstart. Sie versuchte verschiedene Anläufe. Im Juni 1906 schrieb sie an Madge Vaughan, wie sie sich als Autorin erzählender Prosa sah. Das Konzept ihrer Romane war bereits erkennbar formuliert: *Mein augenblicklicher Eindruck ist der, daß diese unbestimmte und traumartige Welt, ohne Liebe oder Herz oder Leidenschaft oder Sex, die Welt ist, an der mir liegt und die ich interessant finde. Denn obwohl es für Dich Träume sind und ich es keineswegs fertigbringe, sie angemessen auszudrücken, für mich sind diese Dinge völlig real.* Virginia wollte darüber schreiben, was sie kannte und empfand, nicht über Dinge, die man sich ausdenkt. *Das ist genau der Fehler in der Literatur, den ich so schlimm und unverzeihlich finde: Ich meine Leute, die sich in Gefühlen suhlen, ohne sie zu verstehen.*[150] Der Gedanke, eines Tages Romane zu schreiben, ließ sie nicht los. *Ich denke viel über meine Zukunft nach*, heißt es in einem Brief Mitte August 1908 an Clive Bell, *und was für Bücher ich schreiben soll – wie ich den Roman reformieren und Dinge einfangen werde, die sich jetzt noch entziehen – wie ich das Ganze fassen werde und völlig neue Formen gestalte . . .*[151]

November 1918: Virginias zweiter Roman *Night and Day* lag beim Drucker. Der Krieg war zu Ende. Das Leben war noch mühsam. . . . *keine Züge und keine U-Bahn, heftiges Schneetreiben und keine Kohlen im Keller, ein Loch im Dach, das bereits alle verfügbaren Behälter gefüllt hat, und morgen wahrscheinlich kein elektrisches Licht. Wir kommen von Richmond noch bis zur Waterloo Station; von Hampstead sind wir völlig abgeschnitten.*[152] Den Woolfs drohte noch ein weiteres Ungemach: Virginias geliebtes Asham war ihnen gekündigt worden. Es war schwierig, ein auch

Monks House, Rodmell/Sussex, 1919

nur annähernd so gemütliches und hübsches Haus auf dem Land aufzutreiben. Durch Zufall erfuhren sie aber, daß in Rodmell, etwa vier Kilometer von Lewes entfernt, ein Landhaus zur Versteigerung kam. Ohne große Hoffnung fuhren sie hin und besichtigten Monks House. Mit Asham war es nicht zu vergleichen. Das Haus war viel bescheidener, der Fußboden bestand aus Ziegelpflaster, die Zimmer waren winzig und niedrig, dazu eine erschreckend einfache sanitäre Einrichtung und eine miserable Heizung. Der verwilderte Garten zog sich bis zur Kirchhofsmauer hin, in einem Teil standen viele Obstbäume. Ein Paradies wie Asham war Monks House nicht, aber die Woolfs wollten es. Bis zu 800 Pfund konnten sie lockermachen, und sie hatten Glück. Die Umzugsvorbereitungen lenkten Virginia ab; die tausend Ängste, bis das neue Buch unter die Leser gebracht war, ließen sich so besser bewältigen.

1919 erschien *Night and Day*. Der Roman ist – nach dem vielversprechenden Erstlingsbuch – konventionell gebaut, ganz der Tradition des englischen Romans verpflichtet, bewundernswert elegant, doch – so empfanden es Kritiker wie Freunde – epigonal und enttäuschend. *Night and Day* ist kein realistischer Roman, keine Momentaufnahme seelischer Zustände, sondern eine Liebesgeschichte. Die Heldin des Buches, Katherine Hilbery, hat in das Verlöbnis mit William Rodney eingewilligt, ein fader Regierungsbeamter mit zaghaften poetischen Ambitionen. Die Konflikte sind vorprogrammiert, Katherines Aufstand stört ganz empfindlich die Selbstzufriedenheit der High Society. Virginia hatte ein spannendes, ein launiges Werk geschrieben, aber keines, das Signal gesetzt hätte und mehr als ein Thema für das Tagesgespräch in den Salons gewesen wäre.

Virginia suchte eine Erzähltechnik, die mehr darzustellen erlaubte, als bisher möglich war. Ein solches Experiment war die Erzählung *An Unwritten Novel* (Ein ungeschriebener Roman). Daraus wuchs die Idee zu einem wagemutigen Roman. *Wenn sich eins aus dem andern entwickelt, heißt es im Tagebuch, wie in «An Unwritten Novel» – aber nicht nur zehn Seiten lang, sondern 200 und mehr – gäbe mir das nicht die Lockerheit und Leichtigkeit, die ich brauche; würde das nicht dichter werden und trotzdem Form und Tempo bewahren und alles, alles einschließen? Ich frage mich nur, wie weit es auch das menschliche Herz einschließen wird. Meistere ich meine Dialoge genügend, es darin einzufangen? Denn ich stelle mir diesmal eine ganz andere Methode vor: keinerlei Gerüst; kaum ein Baustein zu sehen; alles im Zwielicht, aber das Herz, die Leidenschaft, die Stimmung, daraus hervorleuchtend wie ein Feuer im Nebel. Dann werde ich für alles mögliche Platz haben – etwas Lustiges – eine Inkonsequenz – ein leichtfüßiges Dahinschreiten ganz nach Willen und Mutwillen. Die Frage ist nur, ob ich dazu genügend kann. Aber angenommen, «The Mark on the Wall» und «An Unwritten Novel» faßten sich an der Hand und tanzten miteinander. Worin dieses Miteinander besteht, muß ich noch herauskriegen; das Thema ist für mich bisher ein leerer Fleck; aber ich sehe unerhörte Möglichkeiten in der Form, auf die ich eigentlich mehr oder weniger zufällig vor zwei Wochen gestoßen bin. Die Gefahr ist, glaube ich, das verdammte selbstgefällige Ich; das meiner Ansicht nach Joyce und die Richardson kaputtmacht: ist man geschmeidig und reich genug, für das Buch einen Schutzwall vor einem selber zu errichten, ohne daß er sich, wie bei Joyce und der Richardson, einengend und als Beschränkung auswirkt? Ich hoffe, mir inzwischen genügend Handwerk erworben zu haben, um für allerlei Unterhaltung sorgen zu können. Ich muß zwar noch herumtapsen, aber heute nachmittag ist mir ein Licht aufgegangen.*[153]

Am 4. November 1922 war *Jacob's Room* abgeschlossen. Die Arbeit daran war nicht ohne die typischen Krankheitsqualen vonstatten gegangen. (Im Sommer des Vorjahrs hatte sie wieder stark gelitten unter *peinigenden Kopfschmerzen, jagendem Puls, schmerzendem Rücken, Aufregungen, Herumzappeln, Wachliegen ... alle Schrecken aus der dunklen Anrichte der Krankheit*[154].) Virginia hatte ihr Konzept verwirklicht; der Bruch mit der konventionellen Erzähltechnik war vollzogen. Daß die Rezensenten gegen Virginias Buch waren – sie lamentierten über fehlende Charaktere, einen nicht vorhandenen plot, über die schwere Lektüre – und ihre Freunde und die Leser dafür, erfüllte sie mit Vergnügen. Ein ganzer Sieg diesmal. *Am Sonntag hat Leonard «Jacob's Room» zu Ende gelesen. Er findet, es ist mein bestes Werk. Aber seine erste Bemerkung war, daß es faszinierend gut geschrieben sei. Wir stritten darüber. Er nennt es genial; findet, es gleiche keinem anderen Roman.* Sie gab sich offenbar sehr selbstsicher. *Ich für meinen Teil zweifle nicht daran, daß ich (mit vierzig) herausgefunden habe, wie ich es anfangen kann, etwas mit meiner*

95

eigenen Stimme zu sagen; und das interessiert mich so sehr, daß ich fühle, ich kann ohne Lob weitermachen.[155] Das Buch schildert den Lebensweg Jacobs: seine Kindheit in Cornwall, die Studienjahre in Cambridge, dann die Londoner Bohème (ein Abziehbild von Bloomsbury), eine Reise nach Griechenland, eine Affäre mit einer verheirateten Frau. Virginia zerlegt dieses Leben in unzählige Facetten und teilt es – gegen die Gesetze eines kontinuierlichen Erzählstroms – in Szenen, Eindrücken, Bildfetzen mit: das Leben auf der Netzhaut des Helden gespiegelt. Das Buch erzählt seine Geschichte aus dem Innern eines fiktiven Menschen heraus, spinnt den Leser in eine andere, vielfach gebrochene, subjektive Wirklichkeit ein, und dies mit einer Radikalität, die bislang in der Literatur unbekannt war. So handelt der Roman nicht eigentlich von Dingen und Ereignissen; sein Thema ist das Fließen der Wahrnehmungen, Gedanken und Außenweltbilder. Das Ende des Buches – ein Roman über die Unfaßbarkeit, die Flüchtigkeit des Lebens – ist konsequent: Jacobs Zimmer ist leer – ob er nur verreist ist, ob er tot ist: Wer weiß es schon? Wer kann es schon wissen?

Er hat alles so zurückgelassen, wie es war, wunderte sich Bonamy. Nichts zurechtgelegt. All seine Briefe liegen rum, so daß sie jeder lesen kann. Was hat er nur erwartet? Hat er geglaubt, er würde zurückkommen? dachte er, mitten in Jacobs Zimmer stehend …

Abgestanden ist die Luft in einem leeren Raum, bauscht gerade noch den Vorhang auf; die Blumen im Krug regen sich. Eine Faser im Korbsessel knarrt, obwohl niemand darin sitzt …

Bonamy ging zum Fenster hinüber. Der Möbelwagen von Pickford's fuhr die Straße hinunter. Die Omnibusse stauten sich an Mudie's Corner, Motoren klopften, und die Fuhrleute traten fest auf die Bremsen und zügelten scharf ihre Pferde. Eine barsche, unglückliche Stimme rief irgend etwas Unverständliches. Und dann plötzlich schienen alle Blätter aufzusteigen.

«Jacob! Jacob!» rief Bonamy, am Fenster stehend. Die Blätter sanken wieder zu Boden.

«Überall solch ein Durcheinander!» rief Betty Flanders aus, die soeben die Schlafzimmertür aufgestoßen hatte.

Bonamy wandte sich vom Fenster ab.

«Was mache ich nur hiermit, Mister Bonamy?»

Sie hielt ihm ein Paar von Jacobs alten Schuhen entgegen.[156]

Jacob's Room war ein Erfolg beim Publikum. Nach Virginias drittem Buch wurde ihr Name in der literarischen Avantgardeszene als vielversprechend gehandelt. Das bewiesen nicht nur die Auflagenzahl, sondern auch eine Reihe von Einladungen, etwa die von Lady Colefax, einer exotischen Dame, die alles, was in der Gesellschaft Rang und Namen hatte, in ihren Salon bat. Auch Leonard hatte Erfolg; ihm wurde ein Posten als Feuilletonredakteur bei der Wochenzeitschrift «Nation» angetragen. Er nahm an, denn das brachte ihm 500 Pfund im Jahr – ein gesichertes Einkommen –, und die Woolfs konnten das brauchen.

1922 geisterte ein neuer Plan durch Virginias Kopf; es waren eigentlich zwei Projekte: ein Band mit kritischen Essays und ein Roman, den sie zuerst *The Hours* nannte. Der Roman bereitete ihr Kopfzerbrechen. *Der Plan ist so kurios, so meisterlich*. Die Arbeit selbst erschreckte und faszinierte sie zugleich. Einerseits: Von *Mordsanstrengung* war die Rede, und davon, daß sie in drei Wochen völlig ausgepumpt sein würde. Und auch die alte Furcht tauchte wieder auf, daß das Buch sie in den Wahnsinn triebe. *Der verrückte Teil des Buches greift mich so an, läßt meinen Geist derart übersprudeln, daß ich regelrecht Angst habe vor den nächsten Wochen*. Und natürlich Bedenken, das Meisterliche, das sie fühlte, in Sprache umsetzen zu können: *Besitze ich die Kraft, die wahre Wirklichkeit wiederzugeben? Oder schreibe ich nur Essays über mich selber? Wie immer ich diese Frage beantworte ... meine Begeisterung bleibt*. Schrieb sie *aus der Tiefe des Gefühls heraus* oder bastelte sie *nur herum mit den Worten*? Zweifel ja, aber Zuversicht und Selbstsicherheit überwogen: *Kurz, seit ich wieder an dem Roman schreibe, fühle ich wieder meine ganze Kraft von mir ausstrahlen*.[157] Es gibt Unterbrechungen, doch das Buch läßt sie nicht los. Es bekommt seinen Titel, *Mrs. Dalloway*. Die Form des Romans trieb Virginia um.

Im Mai 1924 sprach sie in Cambridge über *Die Person im modernen Roman*[158]: Weg mit der formlosen Literatur von gestern, dem Geschniegelten, Einfältigen. Weg mit Galsworthy, Wells oder Bennett. Nicht über Romanfiguren reden, sondern in sie dringen, sich minuziös in deren Bewußtsein graben und schildern, was da passiert. Wirklichkeit gespiegelt im Bewußtsein der Menschen, Dokumentation des Alltags, Sammelsurium von Assoziationen, der tausend trivialen Dinge, die einen Tag, ein Menschenleben ausmachen. Weg von der auktorialen Erzählperspektive, der Überheblichkeit des alten Romanciers, der die Menschen wie Marionetten beherrscht. Der moderne Romancier erfaßt den Menschen Schritt für Schritt und erkennt dahinter ein Stück Wirklichkeit.

Mrs. Dalloway erschien 1925. 8000 Exemplare wurden gedruckt und verkauft. Bedenkt man, wie revolutionär die Form des Romans anmuten mußte, war das ein riesenhafter Erfolg. Es gelang Virginia, durch die Montage zweier zeitlich parallel angelegter Geschichten, die sich im Zeitraum von 24 Stunden ereignen und sonst miteinander nichts gemeinsam haben, das Kreuz traditioneller literarischer Darstellung, den Zwang nämlich, sukzessiv erzählen zu müssen, aufzuheben. *Mrs. Dalloway* erzählt auch keine Geschichte im herkömmlichen Sinn; Handlung ist uninteressant, verflüchtigt sich zu einem belanglosen Gewebe. Der Roman schildert Gedanken- und Gefühlsprozesse: ein Verfahren, das an die Technik der Malerei erinnert, die Wucht einer Empfindung mit einemmal mitzuteilen, indem man sich beim Schreiben nicht mehr an der zeitlichen

1928

Abfolge einzelner Handlungssegmente orientiert. Das Buch handelt von der mondänen Clarissa Dalloway, die ein respektables Haus in Westminster bewohnt, und vom kläglichen Leben Septimus Warren Smiths. Die Flüchtigkeit des Augenblicks einzufangen: Clarissa auf dem Weg durch London, die letzten Besorgungen erledigend für ihre große Gesellschaft. Es ereignet sich wenig: Clarissa wandert in der Morgensonne durch den St. James Park, sie kauft Blumen, näht ihr Kleid zu Ende.

Unsinn! Unsinn! rief sie sich zu und stieß die Schwingtür zu Mulberrys Blumenladen auf.

Sie trat ein, leichten Schritts, schlank, sehr aufrecht, und wurde sogleich von der knopfgesichtigen Miss Pym begrüßt, deren Hände stets knallrot waren, als hätten sie zusammen mit den Blumen in kaltem Wasser gestanden.

Ja, da waren Blumen: Rittersporn, wohlriechende Wicken, Sträuße von Flieder; und Nelken, eine Unmenge Nelken. Rosen waren da; Schwertlilien waren da. Ah, ja – so atmete sie den erdigen Wohlgeruch ein, während sie stand und mit Miss Pym sprach, die ihr viel verdankte und sie für gütig hielt, denn das war sie zu ihr gewesen, vor Jahren; sehr gütig, aber sie sah gealtert aus dieses Jahr, wie sie so den Kopf von einer Seite zur anderen wendete zwischen den Schwertlilien und den Rosen und den nickenden Fliederdolden, mit halbgeschlossenen Augen den Duft einatmete nach dem Trubel der Straßen, den herrlichen Duft, die köstliche Kühle.[159]

Durchwoben wird die Gegenwart von Erinnerungen, die hier Sekunden aufblitzen, nur einen Satz, ein Satzfragment lang oder sich hinziehen, ausschweifend, langatmig, sich verlieren. Parallel dazu montiert Virginia das Leben Septimus Warren Smiths, der diesen Tag zum letzten seines Lebens ausgewählt hat und sich abends aus dem Fenster stürzen wird, um den Männern zu entgehen, die ihn, den Schizophrenen, in eine Nervenheilanstalt bringen wollen.

Ebenfalls 1925 erschien der Essayband *The Common Reader*, eine Sammlung bereits publizierter Aufsätze und Rezensionen und auch neuer Arbeiten, darin ein programmatischer Aufsatz über den zeitgenössischen amerikanischen Roman.

Virginias beste Romane kamen 1927 (*To the Lighthouse*) und 1931 (*The Waves*) heraus, beide Bücher gleichzeitig konzipiert und parallel geschrieben. Rober Fry hielt *To the Lighthouse* (Die Fahrt zum Leuchtturm) für das beste Buch, das Virginia bis dahin geschrieben hatte. «Du plagst Dich jetzt mit der Simultaneität der Dinge nicht mehr ab», schrieb er, «und gehst mit außergewöhnlicher Anreicherung jedes Moments des Bewußtseins in der Zeit vor und zurück.»[160] Fast 4000 Exemplare wurden im ersten Jahr abgesetzt, *To the Lighthouse* sollte eines der beliebtesten Bücher Virginia Woolfs werden, in dreizehn Sprachen übersetzt und mit einer Weltauflage von über einer halben Million bis heute. Virginia hatte als Stoff ihre Familiengeschichte verwertet. Der Roman dreht sich um ein Ehepaar, Mr and Mrs Ramsay – untrüglich Mr. und Mrs. Stephen. Er: klug, aber reizbar, ungerecht, tyrannisch, ein viktorianischer Patriarch; sie: gütig bis zur Selbstaufgabe, die große Familie ständig harmonisierend und jeden und alles integrierend. Der Roman ist dreigeteilt. Die Ramsey-Familie macht Urlaub am Meer. Nicht zu verkennen: St. Ives, das Cornwall der Stephens-Kinder. Die Klammer des Buchs ist die mißglückte Fahrt zum Leuchtturm im ersten Teil, die im dritten Teil doch noch stattfindet. Die Leser fragen sich, was der Leuchtturm bedeute. Das Buch habe, so Virginia, *keine tiefere Bedeutung*. Sie vertraue darauf, *daß die Leute sie* (die Gefühle) *zur Ablagerung ihrer eigenen Gefühle benutzen würden – was sie ja auch getan haben, indem der eine meinte, es bedeute dies, und der andere, jenes*[161].

Zwischen fiebernder Erwartung, Leidenschaft und Niedergeschlagenheit entstand *The Waves* (Die Wellen). Das Buch bedeutete eine fast unerträgliche Anstrengung. Leonard hielt in diesem Sommer 1930 – sie hatten sich nach Rodmell zurückgezogen – die meisten Besucher von Virginia fern. Er wußte, daß sie wieder auf ihr kritisches Stadium zusteuerte. Das Jahr 1931 begann. Virginia zwang sich, das Buch zu Ende zu bringen. Endlich wie eine Erlösung ein Samstagmorgen, der 7. Februar 1931: *In*

Vita Sackville-West, 1925

den wenigen Minuten, die bleiben, muß ich – dem Himmel sei Dank – das Ende der Wellen melden. Vor fünfzehn Minuten habe ich die letzten beiden Worte niedergeschrieben – nachdem ich in einem derartigen Rausch durch die letzten zehn Seiten getaumelt bin, daß ich nur noch meiner eigenen Stimme nachzuwanken schien oder vielmehr (als wäre ich verrückt) der irgendeiner Art von fremdem Sprecher . . . Jedenfalls ist es geschafft und ich habe diese fünfzehn Minuten dagesessen in einem Zustand der Verzückung und inneren Ruhe; auch ein bißchen geweint . . . Wie körperlich man den Triumph und die Erleichterung empfindet! Ob gut oder schlecht, es ist geschafft; und wie ich gegen Ende fühlte, nicht nur fertig, sondern auch abgerundet und vollendet, was zu sagen war, gesagt – wie hastig und bruchstück-

haft, weiß ich selbst; aber ich meine, ich habe die Finne in der Wasserwüste, die mir, kurz bevor ich «To the Lighthouse» beendete, beim Blick aus meinem Fenster in Rodmell über der Marsch erschien, ins Netz gekriegt.[162]

Ein Brief Virginias an Vita Sackville-West, 22. Oktober 1929

There! if you want coronets, you can have them.

Yes I would very much like to see you on Wednesday, but I can't manage a matinée – for one thing I always snore: then we're very busy at the Press, & my services are in demand – how I like it! Doing up parcels, please remember other ends! Mrs Woolf, with Vaghan coming in & out & ringing up. Well Good bye all when they leave; & we all say Good bye. And then I'm given a

Virginia mit Vita Sackville-West im Garten von Monks House, 1933

Leonards Urteil über das Buch war knapp und bündig: ein Meisterwerk, das beste ihrer Bücher. Auch das Publikum akzeptierte das Buch vorbehaltlos. Nach einem Monat mußte bereits die zweite Auflage gedruckt werden.

Virginia verzichtet auf eine das Buch durchziehende Handlung, in der sich eines aus dem andern entwickelt. Sie montiert die Monologe von sechs Menschen – drei Männern und drei Frauen – miteinander und gegeneinander. Die sechs: Neville, ein Dichter; Bernard, ein Schriftsteller; Louis, ein Kaufmann; dann die Frauen, Susan, Jinny und Rhoda. Sie sind alle miteinander aufgewachsen; die Kindheit verbindet sie, das Internat, das College. Das Buch spannt parallel zum Ablauf eines herrlichen Sommertags einen Bogen über diese sechs Menschenleben, von der Kindheit bis zum Alter. Der Roman hat stark biographische Züge. Virginia spiegelt sich in Rhoda, Lytton Strachey in Neville, Leonard in Louis. Eine siebte Person spielt eine zentrale Rolle, Percival – das ist Thoby –, der schöne Gott, dessen Tod die sechs am Ende ihres Leben betrauern. Im Hinter-

Leonard Woolf mit Vita Sackville-West

grund steht die Natur: das Meer, der Wechsel der Jahreszeit, das Aufsteigen der Sonne, das Abendrot. *Das Meer ist ein Wunder, das mir mehr zusagt als jedes menschliche Wesen.*[163] Sechs Leben sind an ihrem Ende angelangt: Was ist das Leben? Das Buch endet in einem pathetischen Monolog: *Und auch in mir hebt sich die Welle. Sie schwillt, sie krümmt den Rücken. Ich bin mir abermals eines neuen Verlangens bewußt, eines Etwas, das sich unter mir hebt wie das stolze Roß, dessen Reiter es erst anspornt und dann zurückreißt. Welchen Feind sehen wir nun gegen uns herannahen, du, worauf ich nun reite, während wir ungeduldig mit dem Huf dieses Stück Pflaster scharren. Es ist der Tod. Der Tod ist der Feind. Der Tod ist es, wogegen ich anreite, mit eingelegtem Speer und zurückwehendem Haar wie das eines jungen Mannes, wie das Percivals, wenn er in Indien galoppierte. Ich gebe meinem Pferd die Sporen. Unbesiegt und unnachgiebig will ich mich dir entgegenwerfen, o Tod*[164]!

Zwischen *To the Lighthouse* und *The Waves* schrieb Virginia mit leichter Hand, beinahe lässig, als eine Art Nebenprodukt, *Orlando: A Biogra-*

*E. M. Forster und T. S. Eliot
zu Gast im Monks House*

phy. Als das Buch 1928 erschien, war es – inzwischen beinahe selbstverständlich – ein Erfolg. 12000 Exemplare gingen im ersten Jahr über den Ladentisch.

Das Buch nennt sich zwar Biographie, hat aber nichts mit dem zu tun, was man landläufig darunter versteht. Virginia machte aus der Lebensgeschichte ihrer großen Freundin Vita Sackville-West von deren Jugend bis ins 36. Lebensjahr ein literarisches Vexierspiel: Vita ist ein Junge, und die Geschichte spielt zwischen 1586 und 1928. Das Spiel mit dem Geschlecht lag nahe, wenn man an Vitas homo- und heterosexuelle Affären denkt. Orlandos Leben währt vier Jahrhunderte; er lebt auf einem märchenhaften Schloß. Orlando tritt auf als Günstling Elizabeths I., als Zigeunerin in Konstantinopel – die Phantasie zaubert farbige Welten aus dem Nichts, schlägt Volten –, als große Dame in der englischen Gesellschaft des 17. und 18. Jahrhunderts, verkleidet als Mann. Und am Ende seiner Zeitenreise ist Orlando eine Dichterin.

Die Bücher brachten Virginia Geld. 1929 verdiente sie rund 3000 Pfund. Leonard kündigte 1930 seinen Redakteursposten. Jetzt konnte er sich intensiv um seine Politik kümmern, Aufsätze und Kritiken schreiben, und natürlich war da auch noch die Hogarth Press.

1932 erschienen zwei theoretische Arbeiten von Virginia, der *Letter to*

*Maynard Keynes
zu Gast im Monks House*

*Roger Fry zu Gast
im Monks House*

a Young Poet, ein schmales Heft in der Reihe Hogarth Letters, in dem Virginia potentiellen Autoren sehr subjektive Ratschläge gibt, und der zweite Band des *Common Reader*. Eine weitere Biographie erschien bereits 1933, und natürlich keine konventionelle «Biographie». *Flush* hieß das Buch und war vom Sujet der gefälligen, witzigen Schreibweise her von vornherein ein Publikumserfolg. Virginia schildert aus der Perspektive eines Hundes eine andere Welt, die Hundewelt und dahinter, darüber die Menschenwelt. Virginia nahm sich einen historischen Hund vor, Flush, den Cockerspaniel des Dichterpaares Elizabeth Barrett und Robert Browning: London und Italien aus der Sicht eines Hundes erlebt, herumschnüffelnd, herumstreichend, war für das Publikum ein originelles Leseerlebnis. Virginia mochte das Buch, aber eigentlich bedeutete es ihr recht wenig. Sie saß an etwas anderem. Der Arbeitstitel hieß *Pargiters*. Virginia wollte in diesen Roman alles hineinpacken, ein wuchtiges Stück, *Sex, Bildung, Leben etc.: und es sollte, mit den mächtigsten und behenden Sprüngen einer Gemse über Abgründe, von 1880 bis in die Gegenwart führen. Das jedenfalls ist die Idee, und ich bin in einer solchen Verwirrung, einem solchen Traum und Rausch, daß ich auf der Southampton Road Sätze vor mich hingesprochen und Szenen vor mir gesehen und seit dem 10. Oktober gar nicht richtig gelebt habe.*[165] Sie wollte *The Waves* übertreffen, über die dort verwendete Methode noch hinwegführen, einen *Romanessay* schaffen. An den *Pargiters* – das Buch soll später den Titel *Years* (Die Jahre) erhalten – saß sie bis 1937: Ein Leben zwischen Bettlägrigkeit, der Angst, wieder ernsthaft zu erkranken und die Brücke zur Welt der «Normalen» zu verlieren, und einer unglaublichen Arbeitswut, oft einem Glücksgefühl sondergleichen.

Roger Fry ist am Sonntag gestorben. Ich ging mit Clive auf der Terrasse auf und ab, als Nessa kam und es sagte ... Und ich bin zu stumpf, um irgend etwas zu schreiben. Mein Kopf ganz starr. Ich glaube, jetzt kommt die Armut des Lebens auf mich zu; und der schwärzliche Schleier über allem. Warmes Wetter; ein Wind geht. Alles hat seinen Inhalt verloren.[166] Frys Tod Anfang September 1934 traf sie unvorbereitet und hart, härter als Stracheys Tod zwei Jahre zuvor. Grund für ihre Betroffenheit war sicher nicht nur, daß ihr mit seinem Hinscheiden wieder einmal bewußt wurde, wie die Zeit verfloß. Zu Fry hatte sie immer ein besonders glückliches Verhältnis gehabt. So verwundert es nicht, daß sie bald den Plan faßte – und auch von Freunden dazu gedrängt wurde –, Rogers Biographie zu schreiben. Die Aufgabe tat weh und war deshalb so schwer. Ein weiteres kam dazu: Virginia entdeckte, daß sie sich von Vita Sackville-West, der alten Freundin, emotional weit entfernt hatte. Und parallel dazu die Last des neuen Romans. 1934 und 1935 waren keine guten Jahre.

Seit ihrer Kindheit litt Virginia an einer Geisteskrankheit – wohl eine schizophrene Psychose –, die damals weder genau zu diagnostizieren, geschweige denn zu therapieren war. Die Behandlung der Ärzte – Wasser-

Adrian, Virginia und Karin Stephen

kuren und Klinikaufenthalte – waren nicht nur sinnlos, sondern sogar schädlich, weil sie Virginia noch mehr isolierten und aus ihrer gewohnten Umgebung und vor allem von Leonard wegrissen. Leonard dagegen hatte mit seinen dilettantischen Bemühungen, Virginia mit einem strengen Stundenplan und genauen Essensvorschriften zu beruhigen, erstaunlichen Erfolg. Ob diese Krankheit in Beziehung stand zu ihrer schriftstellerischen Arbeit, läßt sich nicht definitiv sagen. Von Anfang an war die Arbeit an einem Roman immer eine Tortur, aber auch: eine lustvolle Qual. Aus einer Idee, meistens in Hochstimmung, entstand ein Buch, dann konnte es passieren, daß Virginia eine Zeitlang gut gelaunt und bei bester Gesundheit daran schrieb. Es gab Unterbrechungen, Störungen von außen, und die Arbeit wurde sprunghaft. Zwischendurch tauchten Zweifel in ihr auf, ob sie die Sache richtig angefangen habe und zu einem vernünftigen Ende führen könne. Sie begann bereits da, die Reaktion der Leser und Kritiker zu antizipieren. Sie erwog oft, alles umzuwerfen, neu zu beginnen oder es überhaupt sein zu lassen. *Es geht nicht, mein Kopf ist zu müde*[167], mochte da im Tagebuch stehen. Oder: *Mein Geist ist völlig verknotet.*[168] Einzelne Szenenkomplexe werden wieder und wieder umgeschrieben, ein zähes Ringen, Feilen, eine Qual. Dann gab es Unterbrechungen. Die Arbeit blieb längere Zeit über liegen, bewußt, um die *Zappeligkeit*, wie sie selber ihre nervösen Störungen nannte, zu bekämpfen. Leonard drängte in solchen Fällen immer auf eine Reise. Dann ein neuer schöpferischer Schub mit aller Euphorie, zu der sie fähig war. Und schon wieder ein Absturz, drohender als zuvor. Am 28. Dezember 1935 fühlt sie sich *ausgewrungen wie ein Scheuerlappen*[169], ohne Hoffnung, *The Years* zu meistern. Zwei Tage später notierte sie höchst verzweifelt: *Es hat keinen Sinn. Ich kann kein Wort schreiben: zu starkes Kopfweh.*[170] Sobald das Manuskript fertig war und sie wußte, daß sie nichts mehr um- und umzuwenden vermochte, sobald die maschinengeschriebenen Blätter in die Setzerei kamen, stand die Katastrophe ins Haus: Die Schlaflosigkeit eskalierte, Virginia konnte nichts mehr essen, ihre Sitophobie wurde überwältigend, die Kopfschmerzen schienen ihr die Hirnschale zu sprengen. Es passierte, daß sie draußen umherrannte und in ihrer Verwirrtheit gegen die Bäume knallte. Sie wußte genau, wie gefährdet sie in diesem Zustand war. *Jetzt, nach Blutandrang und Erstickungsgefahr, wird die Zeit der Depression kommen ...*[172] Unermeßlich traf sie jetzt die Furcht vor der Welt draußen. *Ich werde geschlagen, ich werde verlacht, ich werde dem Hohn und Spott preisgegeben werden – diese Worte habe ich mich gerade selber sagen hören.*[173] Manchmal versuchte sie sich mit einer anderen Arbeit abzulenken, die Beschäftigung mit einer leichteren Arbeit als *Waffe gegen den kalten Wahnsinn*[174] zu benutzen. Virginia selber unterschied zwischen konventionellen Arbeiten, Geschichten oder Romanen (*Night and Day* beispielsweise) und jenen Büchern, die sie dem Wahnsinn in die Arme warfen, den Experimenten, den Mühen, hinter die Watte zu dringen und die unzähligen Wirklichkeitspartikel der Welt zu verschmelzen. *Pflichtübungen im konventionellen Stil* auf der einen Seite, die gefährlichen *Extravergnügungen*[175] auf der andern, die eine Liaison mit dem Wahnsinn waren.

Das Manuskript des nächsten Romans *The Years* war gedruckt, die Bücher waren versandfertig. *Ich sehe weg, wenn ich von den Verlagsräumen nach oben gehe, denn da unten werden gerade die Besprechungsexemplare verpackt. Nächste Woche gehen sie hinaus: das hier ist mein letztes vergleichsweise friedliches Wochenende. Was erwarte ich eigentlich mit solcher Beklemmung? Hauptsächlich wohl, daß meine Freunde das Buch nicht erwähnen und dem Gespräch darüber verlegen ausweichen werden. Von den mir wohlgesinnten Kritikern erwarte ich mir bedeutende Laxheit; und ein Indianergeheul des Entzückens von den anderen, die lautstark verkünden werden, daß dies das langatmige Geschwätz eines gouvernantenhaft prüden bürgerlichen Gehirns ist und daß jetzt niemand mehr Mrs. W. ernst nehmen kann.*[176] Diese Angst war ein physisch empfundener Schmerz. *Ein körperliches Gefühl, als ob ich leise in den Adern trommelte: sehr kalt: hilflos: und verängstigt. Als ob ich bei voller Beleuchtung auf einem hohen Sims zur Schau gestellt wäre. Sehr einsam, Leonard zum Mittagessen weg.*

Nessa hat Quentin, braucht mich nicht. Sehr nutzlos. Keine Atmosphäre um mich. Keine Worte. Sehr beklommen. Als würde gleich etwas Schreckliches geschehen – ein brüllendes Gelächter – auf meine Kosten. Und ich habe nicht die Macht, es abzuwehren; ich bin schutzlos. Und diese Angst und dieses Nichts umgeben mich mit einem Vakuum. Ich spüre es hauptsächlich in den Schenkeln. Und ich möchte in Tränen ausbrechen, habe aber nichts, worüber ich weinen könnte. Dann erfaßt mich große Ruhelosigkeit. Ich bilde mir ein, sie mit Spazierengehen zu vertreiben – gehe spazieren und spazieren, bis ich schlafe. Aber ich entwickle eine Abneigung gegen diese plötzliche Schlaftrunkenheit. Und ich kann meinen Geist nicht losmachen und ihn ruhig und selbstvergessen einem Buch zuwenden. Und meine eigenen Kritzeleien nehmen sich vertrocknet und baufällig aus. Und ich weiß, daß ich diesen Tanz auf heißen Ziegeln weitertanzen muß, bis ich sterbe.[177]*

Leonard hatte Virginia bewußt belogen: *The Years* gefiel ihm nicht, aber das verschwieg er ihr. Es ist ein konventionell gebauter Roman; die Handlung entwickelt sich chronologisch: ein Generationsroman. Virginia erzählt das Leben der großen Londoner Offiziersfamilie Pargiter, von 1880 bis ins Jahr 1918. Auf dem alten Familienbesitz Abercorn beginnt diese breit gefächerte Lebensgeschichte und endet in Bloomsbury, wo Virginia die Familienmitglieder, die noch leben, auf einer Party zusammenbringt. Natürlich wob Virginia Erinnerungen in die Geschichte, hielt die Zeit an, sprang zwischen Bewußtem und Unbewußtem und stellte ihre Frage nach dem Wesen des Daseins. Das Buch war ihr größter Erfolg. Im Erscheinungsjahr wurden 50 000 Exemplare verkauft.

Virginia arbeitete jetzt an Roger Frys Biographie. Je mehr sie sich darauf einließ, desto hilfloser wurde sie. Virginia begann auch Fragmente ihrer Memoiren niederzuschreiben und einen neuen Roman zu konzipieren, *Between the Acts* (Zwischen den Akten). Formal schloß das Buch an *Mrs. Dalloway* und *The Years* an. Die Romanhandlung spielt an einem einzigen Sommertag. Auf dem Landsitz der Familie Oliver, Pointz Hall, findet ein Schauspiel statt, eine Laienaufführung, die von allen Dorfbewohnern gestaltet wird, das große alljährliche Ereignis. Der Familie bietet sich eine Gelegenheit, auf der Terrasse zusammenzusitzen, miteinander zu reden und Monologe zu spinnen, über Belangloses, Alltagsprobleme, Erinnerungen einflechtend, sich Assoziationen hingebend. Die Zeit gerinnt, Historie und Gegenwart kreuzen sich, Szenen aus der englischen Geschichte verschmelzen mit Träumen, die in der Zukunft der Menschen liegen. Am Ende halten die Schauspieler der Familie den Spiegel vor: Das seid ihr, einsam, verloren in der Zeit. *Gegenwart. Wir selbst. Kein Wort, nur riesige, rasende, böse Spiegel! Sie waren alle eingefangen und eingekäfigt; Häftlinge, die einem Schauspiel zusehen.*[178] Virginia beendete das Manuskript, die Publikation des Buches sollte sie nicht mehr erleben.

109

Engagement

Virginia Woolfs Werk wurde seiner formalen Eigentümlichkeit wegen – weil sie mit der konventionellen Erzähltradition brach und rigoros eine eigene Ästhetik entwickelte, die die atomisierte Wirklichkeit des 20. Jahrhunderts erfassen sollte – oft als reaktionär oder gar überholt betrachtet; als blutleere, in sich beschränkte Literaturartistik einer ebenso blassen Angehörigen der englischen Mittelklasse, die sich damit den sozialen Problemen ihrer Zeit elegant entzog. In der Tat kann man Virginia Woolfs Romane schlecht als Vehikel im Kampf gegen die Klassengesellschaft verstehen und benützen. Diese Meinung, deren Prämisse schon einiges für sich hat, führt leicht dazu, Virginia Woolf als ästhetische Fanatikerin abzutun. Und wenn man ihre immer wieder aufflackernde Geisteskrankheit noch dazufügt, ist das Bild fertig von einer kränklichen, ständig von ihrem Mann umhegten, frigiden Sappho, die Literatur als Kunstgewerbe betreibt und an der Realität ihrer Zeit vorbeischreibt. Trotz ihres Leidens war Virginia Woolf keine schwächliche Frau. Befand sie sich gerade nicht in einer Klinik, war sie alles andere als blaß und kränklich. Im Gegenteil, ihre Unternehmungslust war ganz erstaunlich. Täglich unternahm sie weite Spaziergänge; wenn sie auf dem Land war, ging sie nicht selten mehr als 12 Kilometer.

Virginia interessierte sich – was man nach Lektüre ihrer Romane nicht vermutet – lebhaft für Politik. In ihrem Elternhaus nahm man Anteil an dem, was die Welt bewegte. Leslie Stephen war trotz seiner viktorianischen Herkunft ein progressiver Geist, der zwar in traditionellem Rahmen dachte und empfand, doch letztlich eine erstaunlich moderne Liberalität praktizierte. Leslies Töchter hatten davon profitiert und waren so, zwar durchaus konventionell erzogen und ohne reguläre Schul- und Universitätsausbildung, von Hause aus neugierig gemacht und damit nicht gerade auf den üblichen Weg geschickt, der eine Frau automatisch zur Mutter und Hausbestellerin verdammte. Virginias und Vanessas Aufstand nach Leslies Tod richtete sich nicht gegen Klassenschranken, auch nicht so dezidiert gegen die verkrustete herrschende Gesellschaft, vielmehr gegen deren Reglements. Bloomsbury bot den Frauen die einzigartige Chance, ihren Verstand zu schärfen. Und das Leben an Leonards Seite, eines unbequemen und kritischen Geistes, führte Virginia auch

110

Mit Angelica Bell, um 1932

nicht gerade ins politische Abseits. Virginia war nicht die wirklichkeitsferne Dichterin, zu der man sie sehr oft stempelte. Der Motor ihres Denkens und Handelns war kein politisches Dogma, sondern Instinkt, Menschlichkeit. Virginia haßte Ungerechtigkeit. Und Ungerechtigkeiten spürte sie zuerst in ihrer unmittelbaren Umgebung auf. Sie haßte Gewalt jeglicher Art, besonders die subtile Gewalt der Gesellschaft, dem Menschen eine fremde Lebensart aufzuzwingen. Daß sie in einer Klassengesellschaft lebte, war ihr zwar klar, doch es bedeutete nicht, daß sie sich zur Linken bekannt hätte, welche alle Klassen abzuschaffen sich anschickte. Den Romancier als Klassenkämpfer konnte sie sich nicht vorstellen: *Unsere Unkenntnis der Aristokratie ist nichts, verglichen mit unserer Unkenntnis der Arbeiterklasse. Zu allen Zeiten haben sich die großen englischen und französischen Familien ein Vergnügen daraus gemacht, berühmte Männer bei sich zu sehen, und die Thackerays, Disraelis und*

111

Prousts waren darum genügend vertraut mit ihrem Lebensstil, um ihn glaubwürdig zu schildern. Unglücklicherweise aber steht es so, daß literarischer Erfolg immer Auf-, nie Abstieg bedeutet. Der kommende Romancier wird nicht vom Klempner und dessen Frau zu Gin und Miesmuscheln eingeladen. Er kommt auch nicht mit dem alten Weib in Berührung, das vor dem britischen Museum Streichhölzer und Schnürsenkel verkauft. [179]

Virginia lebte in einer Zeit des Umbruchs. Mit dem Ersten Weltkrieg ging nicht nur das alte Europa zu Bruch, sondern auch eine Gesellschaftsform, an die man sich fast als gottgewollt gewöhnt hatte. Jetzt bröckelte die Fassade des harmonischen Miteinander, das ein oben und unten war, immer mehr. Der Weltkrieg wirkte wie eine große Erschütterung. Die alte Ordnung war dahin und eine neue nicht in Sicht. Nach Leslies Tod merkten das auch seine Kinder. An einem ziemlich trivialen, doch sehr wirklichkeitsnahen Beispiel kam dies Virginia und ihren Geschwistern zu Bewußtsein. Vor 1914 hatte man in jedem einigermaßen guten Haushalt seine Dienstboten, vor allem weibliche. Diener konnten sich nur die Bessergestellten leisten. Frauen jedoch gab es als Arbeitskräfte wie Sand am Meer. Sie erhielten ganz selbstverständlich einen Hungerlohn, dazu kostenlos Unterkunft und Essen. Die Stephens waren nicht besonders reich; ohne Dienstboten ging es aber auch in ihrem Haushalt nicht. Nach Leslies Tod tauchte ein Problem auf: Die Dienstboten stellten Leslies Kinder nämlich vor ein moralisches Problem. Mit Leslies Tod war der Haushalt seines Oberhaupts beraubt. Normalerweise hätte sich das Patriarchat zum Matriarchat wandeln müssen, ersatzweise gewissermaßen. Aber den Stephens-Kindern behagte der aufgeklärte Despotismus ihres Vaters nicht mehr, der bis dato in Hyde Park Gate 22 praktiziert worden war: hier der Herr, dort die Diener. Diese Lebensform, so empfanden die jungen Stephens, mochte noch zu den trockenen Londoner Salons passen, aber nicht mehr zu ihrer ersehnten freien Lebensweise. Personal wurde nicht mehr als Untertan, sondern als Partner verstanden: hier der Arbeitgeber, dort die Arbeitnehmer. Für die Stephens war dies auch neu und ungewohnt; als nahezu unangenehm empfanden es aber die alten Dienstboten. Die Stephens verhielten sich nicht mehr so, schon äußerlich, wie ihre Eltern; und dies verunsicherte das altgediente Personal. Jetzt fand es sich plötzlich nicht mehr in die Sicherheit einer hierarchischen Ordnung eingebaut. Es fühlte sich alleingelassen. Die Stephens konnten diesen Umschwung auf Grund ihrer Intelligenz und Bildung verarbeiten; die Dienstboten waren demgegenüber hilflos. Sie fühlten sich mißverstanden, und die Stephens wiederum hatten ihre Schwierigkeiten, zu verstehen, warum ihr Personal die Rolle, gleichrangige Menschen zu spielen, gar nicht annehmen wollte und sich vielleicht nur einfach hinausgeekelt vorkam.

Virginia gab sich nie der Illusion hin, die Welt aus den Augen der Arbeiter, Dienstmädchen und Marktfrauen sehen und erleben zu können.

Aber sie war neugierig. So hatte es Miss Sheepshanks, die das Morley College leitete, eine Art Volkshochschule, nicht schwer gehabt, Virginia 1905 zu überreden, dort eine Klasse zu unterrichten. *Ich hielt gestern eine Unterrichtsstunde für vier Arbeiter ab: einer von ihnen stottert; ein anderer ist Italiener und liest Englisch, als wäre es mittelalterliches Latein; ein weiterer ist mein degenerierter Dichter, der Phrasen drischt, errötet und mir am liebsten die Hand drücken möchte, wenn sich herausstellt, daß wir die gleichen Verse lieben . . .*[180] Virginia hielt vor ihren Schülern nicht nur Monologe, sie ermunterte sie dazu, sich über sich selbst zu äußern, zu schreiben. Bis 1907 blieb Virginia dem College treu, und sie nahm diese Aufgabe ziemlich ernst.

Macht hatte Virginia sehr frühzeitig in Form männlicher Arroganz kennen und hassen gelernt: das ungerechte Verhalten Leslies gegenüber Frauen beispielsweise oder das penetrante Aufsichtsgebaren ihrer Stiefbrüder. Einfach akzeptieren wollte sie dies nicht. Sie fragte sich, weshalb der Frau in der bestehenden Gesellschaft diese Rolle zugefallen war. Warum die Frauen Arbeiten verrichten mußten, die ihnen von den Männern zugewiesen wurden. Warum man sie, so sie sich auch nur einmal in männliche Bezirke vorwagten, nicht ernst nahm. Und schließlich: Weshalb gaben fast nur immer Männer den Ton an in Politik, Wissenschaft, Kunst und Literatur. *Denn es bleibt ein beständiges Rätsel, warum keine Frau auch nur ein Wort zu jener außerordentlichen Literatur beigetragen hat, während doch, wie es scheint, jeder zweite Mann in der Lage war, ein Lied oder ein Sonett zu schreiben.* Warum immer *Arbeiten machen zu müssen, die man nicht machen wollte, und sie wie ein Sklave zu tun, schmeichelnd und kriechend, was vielleicht nicht immer notwendig war, aber notwendig erscheint?*[181] Die Frauen wurden mißbraucht, um die Herrschaft der Männer zu untermauern: *Frauen haben über Jahrhunderte hinweg als Spiegel gedient mit der magischen und köstlichen Kraft, das Bild des Mannes in doppelter Größe wiederzugeben.*[182] Solche Gedanken entstanden nicht am Schreibtisch, sie waren aus eigener Erfahrung und Beobachtung gewachsen. Virginia hatte Leslie und Julia vor Augen: Julia war nahezu ein Musterexemplar von Frau, nur warum? Und: war dies naturgegeben? Ewige Bestimmung der Frau?

Mit einem Roman kann man keine Festung schleifen. Aber Virginia glaubte, daß sich das Individuum befreien könne: die Frau aus der bisher so totalen Herrschaft des Mannes. Zu diesem Thema schrieb sie zwei Bücher, Kampfschriften, wenn man so will: 1929 *A Room of One's Own* (Ein Zimmer für sich allein) und 1938 *Three Guineas* (Drei Guineen). An diesen Büchern arbeitete Virginia mit Lust; sie empfand die Niederschrift als Erholung. Diese Bücher drängten sie nicht in den Abgrund der Krankheit.

Im Oktober 1928 erhielt sie die Einladung, am Newnham College in Cambridge vor der Arts Society zu dem Thema Frauen und Romankunst zu sprechen. Aus diesem Vortrag entstand das erste Buch. Abgeschlossen war das Manuskript bereits im folgenden Jahr Mitte Mai. *A Room of One's Own* ist ein Essay, ein Pamphlet. Es geht um die Stellung der Frau in der Gesellschaft, in der Geschichte. Virginia diskutierte ihr Thema nicht abstrakt. *A Room of One's Own* ist ein klares Buch, eine geistreiche, scharfsichtige Plauderei um die These: Daß die Frauen immer die Unterdrückten waren, begründet sich nicht in der Natur, sondern resultierte aus bestimmten unseligen ökonomischen und sozialen Umständen. Virginias Einsichten entsprangen einem Leseabenteuer, das im Britischen Museum begann: *Der Tag, obwohl nicht wirklich naß, war trübe, und die Straßen in der Nachbarschaft des Museums waren voller offener Kohlenkeller, in die sich Säcke entleerten; vierrädrige Einspänner fuhren vor und luden verschnürte Pappkartons auf dem Pflaster ab ... Die üblichen rauhstimmigen Männer paradierten durch die Straßen mit Karren voller Blumentöpfe; manche riefen ihre Waren aus; andere sangen; London war wie eine Werkstatt. London war wie eine Maschine ... Auch das Britische Museum war eine Abteilung dieser Fabrik. Die Pendeltüren schwangen auf; und da stand man, unter der riesigen Kuppel, als wäre man ein Gedanke in dieser großen kahlen Stirn, die so prunkvoll umrahmt ist von einem Band berühmter Namen.* Das erste Wunder erlebte Virginia, als sie den Katalog durchblätterte. *Haben Sie eine Ahnung, wie viele Bücher im Laufe eines Jahres über Frauen geschrieben werden? Haben Sie eine Vorstellung davon, wie viele darunter von Männern geschrieben wurden? Sind Sie sich dessen bewußt, daß Sie vielleicht das am meisten diskutierte Lebewesen des Universums sind? Da war ich mit einem Notizbuch und einem Bleistift gekommen, in der Absicht, einen Morgen mit Lesen zu verbringen und in der Annahme, daß ich am Ende dieses Morgens die Wahrheit in mein Notizbuch übertragen haben würde. Aber ich hätte wie eine Elefantenherde und ein Gewirr von Spinnen sein müssen, dachte ich, mich verzweifelt auf Tierarten beziehend, die wegen ihrer Langlebigkeit und ihrer facettenreichen Augen berühmt sind, um es mit dem allen hier aufnehmen zu können.* Virginia stieß auf eine eigenartige Tatsache: *Warum sind Frauen ... so viel interessanter für Männer als Männer es für Frauen sind?*[183]

Virginia fand, indem sie Tag für Tag Band um Band durchblätterte, daß es den Frauen zwar selten an Talenten mangelte, jedoch am Geld – und zwar deshalb, weil sie ihr Talent nicht gebrauchen durften, weil man sie – das heißt, die Männer – beispielsweise als Dichter nicht ernst genommen habe. Und – die Schlange beißt sich in den Schwanz – weil man sie nicht ernst nahm, hatten sie gar nicht die Chance, mit einer qualifizierten Arbeit Geld zu verdienen und damit Einfluß zu gewinnen. Ein Gedankenspiel: Hätte Shakespeare eine ebenso begabte Schwester gehabt – Virginia nennt sie Judith –, was wäre aus ihr geworden? *Shakespeare selbst ging sehr wahrscheinlich – seine Mutter war eine reiche Erbin – zur Grammar*

114

School, wo er Latein gelernt haben mag – Ovid, Vergil und Horaz – und die Grundelemente der Grammatik und Logik. Er war, das ist wohlbekannt, ein ungestümer Knabe, der Kaninchen wilderte, vielleicht ein Reh schoß, und der, weitaus früher als er es hätte tun sollen, eine Frau aus der Nachbarschaft heiraten mußte, die ihm schneller als recht war ein Kind zur Welt brachte. Diese Eskapade veranlaßte ihn, nach London zu gehen, um dort sein Glück zu suchen. Er hatte, so schien es, Geschmack am Theater gefunden; er fing an, indem er am Bühneneingang die Pferde hielt. Sehr bald bekam er Arbeit im Theater, wurde ein erfolgreicher Schauspieler und lebte im Mittelpunkt der Welt, begegnete jedermann, kannte jedermann, praktizierte seine Kunst auf den Brettern, übte seinen Witz auf der Straße und erhielt sogar Zutritt zum Hof der Königin. Inzwischen, nehmen wir einmal an, blieb seine außerordentlich begabte Schwester zu Hause. Sie war ebenso abenteuerlustig, ebenso phantasievoll, ebenso begierig, die Welt zu sehen wie er. Aber sie wurde nicht in die Schule geschickt. Sie hatte keine Gelegenheit, Grammatik und Logik zu lernen, von Horaz und Vergil ganz zu schweigen. Sie nahm hin und wieder ein Buch zur Hand, eines ihres Bruders vielleicht, und las ein paar Seiten. Aber dann kamen ihre Eltern herein und hießen sie die Strümpfe stopfen oder sich um den Hammelbraten kümmern und nicht mit Büchern und Papieren ziellos herumzutrödeln. Sie würden mit Nachdruck, aber freundlich mit ihr sprechen, denn sie waren tüchtige Leute, die die Lebensbedingungen einer Frau kannten und ihre Tochter liebten – wahrscheinlich war sie sogar ihres Vaters Augapfel. Vielleicht kritzelte sie heimlich auf dem Apfelspeicher ein paar Seiten zusammen, war aber vorsichtig genug, sie gut zu verstecken oder zu verbrennen. Jedoch noch bevor sie ihr zweites Jahrzehnt beendet hatte, wurde sie dem Sohn eines benachbarten Wollgroßhändlers anverlobt. Sie schrie, sie hasse das Eheleben und wurde dafür von ihrem Vater heftig geschlagen. Dann hörte er auf, sie zu schelten. Er bat sie statt dessen, ihm nicht weh zu tun, ihm in Sachen ihrer Heirat keine Schande zu machen.[184]

Eine Frau im 16. Jahrhundert, mit großem Talent, wäre gefürchtet oder verhaßt gewesen, vielleicht gar als Hexe auf dem Scheiterhaufen gelandet. Sie hätte nicht ins Weltbild der Männer gepaßt. Wollte eine Frau sich als Schriftstellerin durchsetzen, etwa im 19. Jahrhundert, so mußte sie nahezu ungeheure gesellschaftliche Vorurteile überwinden, das heißt: den Egoismus der Männer bekämpfen, um wirtschaftlich auf eigenen Füßen zu stehen. Symbol für die Befreiung der Frau ist das Bild vom *Zimmer für sich allein.* Um sich in der Gesellschaft als Frau durchzusetzen, braucht man Geld und das läßt sich mit Schreiben verdienen. Und dies hat Virginia selbst vorgelebt. Das Schreiben hat für sie also auch eine ökonomische Seite – Schreiben als Handwerk, als Mittel zum Zweck: zur Emanzipation. Geldverdienen war sicher mit ein Motiv, daß Virginia Kritiken schrieb. Sie hätte dies als Tochter aus gutem Hause nicht nötig gehabt. Aber so konnte sie sich Schritt um Schritt eine eigene ökonomische Basis verschaffen. *Daher möchte ich Sie bitten, alle Arten von Büchern zu schreiben, sich vor keinem Thema zu scheuen, wie trivial oder umfangreich es sein mag. Auf die eine oder andere Weise, hoffe ich, werden Sie selbst zu genügend Geld kommen, um zu reisen und müßig zu sein, über die Zukunft oder die Vergangenheit der Welt nachzudenken, über Büchern zu träumen und an Straßenecken herumzustehen und den Fluß der Gedanken tief in den Strom einmünden zu lassen. Denn ich will Sie auf keinen Fall auf Fiction einschränken.*[185]

Virginia fühlt sich durch eigene Erfahrung legitimiert, andere Frauen – *Die Wahrheit ist, daß ich Frauen oft mag. Ich mag ihre unkonventionelle Art. Ich mag ihre Vollständigkeit. Ich mag ihre Anonymität*[186] – anzutreiben, ihr eigenes Geld zu verdienen, sich Zeit zu verschaffen, ein eigenes Zimmer, eigene Arbeit: Selbstbestätigung. *Und wenn jede von uns fünfhundert im Jahr hat und ein Zimmer für sich allein; wenn wir an die Freiheit gewöhnt sind und an den Mut, genau das zu schreiben, was wir denken; wenn wir dem gemeinsamen Wohnzimmer ein bißchen entronnen sind und menschliche Wesen nicht immer nur in ihrer Beziehung zueinander sehen, sondern in Beziehung zur Wirklichkeit; und auch den Himmel und die Bäume oder was immer es sein mag, als sie selbst sehen ... wenn wir der Tatsache ins Auge sehen – denn es ist eine Tatsache –, daß es keinen Arm gibt, auf den wir uns stützen könnten, sondern daß wir allein gehen und daß unsere Beziehung eine Beziehung zur Welt der Wirklichkeit und nicht zur Welt der Männer und Frauen sein sollte, dann wird diese Gelegenheit kommen und die tote Dichterin, die Shakespeares Schwester war, wird den Körper annehmen, den sie so oft abgelegt hat. Sie wird, wie ihr Bruder das vor ihr tat, ihr Leben aus den Leben der Unbekannten ziehen, die ihre Vorfahrinnen waren, und wird so geboren werden.*[187]

A Room for One's Own wurde ein Erfolg. Innerhalb eines halben Jahres verkauften sich in England und Amerika 22 000 Exemplare. Fast zehn Jahre später nahm Virginia das Thema noch einmal auf. Der Anlaß war trivial: Virginia traf im April 1935 vor der London Library E. M. Forster. Von ihm erfuhr sie, daß der Verwaltungsrat der Bibliothek – Virginia erwartete, daß sie in das Gremium berufen werden sollte – Frauen in seinen Reihen kategorisch ablehne. Diese Episode, die Virginia in ihrem weiblichen Stolz sehr verletzte, stachelte sie an, sich auf ein Projekt mit dem Titel *On Being Despised* (Wenn man verachtet wird) einzulassen. Das Buch erschien dann drei Jahre später, im Juni 1938, unter dem Titel *Three Guineas*.

Ihre Freunde mochten das Buch nicht, auch Leonard war wenig begeistert. Für Virginia war es aber ein wichtiges Buch, moralisch gesehen, eine Art Rückgrat. Schrill, gröber und fast ohne die gewohnte Ironie, aber auch aufrüttelnder und schärfer packte sie diesmal die Frauenfrage an. Ein Bündel von Fragen, aufgehängt an konkreten Übelständen: Die Ausbeutung der Arbeiterinnen in den Munitionsfabriken, die Verweigerung einer sinnvollen Ausbildung der Frauen, die Fremdbestimmung durch den Mann. Von Sklaventum sprach sie, Lohn forderte sie für die bislang stillschweigend hingenommene und doch gering eingeschätzte Hausarbeit der Frau. Gleichzeitig verknüpfte sie Probleme der feministischen Bewegung mit dem Faschismus, und dies erschien vielen als ein unglücklicher, allzu naiver Brückenschlag. Die Wurzel des Faschismus liege im Patriarchat, in der Vorherrschaft des Mannes. Wer deshalb die extreme politische Ausformung, den Faschismus, anprangere, müsse konsequenterweise bereits im Kleinen beginnen, den Faschismus in seiner Keimzelle treffen: Virginia drehte nicht die Hand um wegen der *Tyrannei und Unterwürfigkeit in der einen Welt* und der *Tyrannei und Unterwürfigkeit in der andern Welt*[188]. Ihr Aufruf, *keine passiven Zuschauer* zu sein, *dazu verdammt, widerstandslos Gehorsam zu leisten*[189], ging nicht in die Ferne, an die Adresse des Führers oder Duces, sondern an die aller Männer. Und zu ihren Kampfgenossinnen: *Ein gemeinsames Interesse vereint uns; es ist eine Welt, ein Leben . . . Denn unser Ruin wird sein, wenn Ihr bei Euren endlosen, in der Öffentlichkeit geäußerten Abstraktionen den privaten Menschen vergeßt oder wenn wir in der Heftigkeit unserer privaten Gefühle die öffentliche Welt vergessen.* Und schließlich vom Wohnzimmer in die Machtzentrale Europas: Der Krieg sei nicht durch den Gehorsam der Frau zu verhindern, *sondern indem wir neue Worte finden und neue Methoden ersinnen.* Virginia will keine Integration der Frau in die Männergesellschaft: Die Frauen sollen solidarisch und vereint neben der Männergesellschaft am gleichen Ziel mitarbeiten: *Wir stehen ein für die Rechte aller – aller Männer und Frauen – auf Respektierung der großen Prinzipien Gerechtigkeit, Gleichheit und Freiheit in ihrer Person.*[190]

Tod im Fluß

Das Jahr 1939 brachte einige Bewegung in Virginias Leben. Der erste Entwurf von Roger Frys Biographie war fertig; Virginia hoffte, das Buch bis Mitte des Jahres abgeschlossen zu haben. Im Juni unternahmen die Woolfs eine Reise in die Bretagne, dann – zurück in London – leiteten sie alles in die Wege, um rasch ihre Wohnung und die Räume der Hogarth Press vom Tavistock Square zum Mecklenburgh Square 33 zu verlegen. Doch die Arbeit an der Biographie schritt nur zäh voran, und Virginia bezweifelte wieder einmal, ob sie es überhaupt schaffen würde. Draußen roch es immer mehr nach Krieg. England mobilisierte seine Streitkräfte. Die Leute beschafften sich Vorhänge zum Verdunkeln. Man wollte gegen alles gewappnet sein. Vor den Lebensmittelgeschäften Schlangen. Frauen wurden von London aufs Land evakuiert. Auch in Monks House merkte man, wie die drohende Kriegsgefahr das Leben zu verändern begann. *Befinden wir uns schon im Krieg?* vermerkte Virginia am 24. August in ihrem Tagebuch. *Es ist alles – rein gefühlsmäßig – sehr anders als im vergangenen September. In London gestern herrschte Gleichgültigkeit. Die Züge zu leer – wir hatten den Zug genommen. Kein Gedränge auf den Straßen. Einer der Spediteure rief an. Schicksal, sagte der Vorarbeiter. Was kann man gegen das Schicksal schon ausrichten? Am Mecklenburgh Square geht alles durcheinander. Ann* Stephen *im Friedhof getroffen. Es gibt keinen Krieg, jetzt wenigstens, meinte sie. John* Lehmann *sagte: «Mhm, ich weiß nicht recht, was ich denken soll.» Aber als Kostümprobe ist das perfekt. Die Museen geschlossen. Suchscheinwerfer auf dem Hügel von Rodmell. Chamberlain hält die Situation für äußerst bedrohlich. Der russische Nichtangriffspakt ist eine unangenehme und unvorhergesehene Überraschung. Wie eine Schafherde sind wir. Keine Leidenschaft. Geduldige Verwirrung. Ich vermute, einige wollen einfach damit weiterleben. Das Doppelte an Nahrungsmitteln und Kohle bestellt. Dunst über der Flußniederung. Flugzeuge. Es muß nur einer an den Knopf kommen und wir sind im Krieg.*[191]

Obwohl jeder damit rechnete, traf die Meldung alle wie ein Blitz. Deutschland war am 1. September in Polen eingefallen. Zwei Tage später erklärte England den Deutschen den Krieg. Die Woolfs entschlossen sich, künftig in Monks House zu leben und nur noch alle zwei Wochen nach

Die Gartenseite (der Wintergarten wurde in den fünfziger Jahren angebaut)

Das obere Wohnzimmer im Monks House

Virginia und Leonard im Monks House-Garten

London zum Verlag zu fahren. Virginia hatte früher oft über längere Zeit auf dem Land gelebt, doch jetzt war das mit einem andersartigen Gefühl verbunden, einer Art Verbannung. Früher war es meist ein Erholungsaufenthalt, jetzt sollte das Leben in Monks House auf unabsehbare Zeit das Normale sein.

Das Haus lag in der großartigen, hügeligen Landschaft der Sussex Downs. Vom Haus, das verhältnismäßig klein und wenig komfortabel eingerichtet war, hatte man einen weiten Blick auf die Downs und die Sumpfwiesen, durch die sich der Fluß Ouse schlängelt. Vor der Jahreswende 1939/40 fiel Schnee; das Thermometer sank unter Null Grad. Das

Haus war schlecht isoliert; die Kälte war nicht aus den Räumen zu bekommen: Man konnte kaum das Schreibgerät in der Hand halten. *Es bläst ein schneidender Wind, scharf wie eine Sense, der Teppich im Eßzimmer ist steif wie aus Gußeisen.*[192] Um in ihr Schlafzimmer zu gelangen, mußte Virginia das Haus verlassen, denn das Schlafzimmer war – ohne direkten Zugang – einfach an die Rückseite des Hauses angebaut. Virginia holte sich auch prompt eine Grippe, diesmal aber doch wohl nur eine Infektion und nicht der Beginn ihres alten Leidens. Aus Radio und Presse erfuhr man, was auf dem Kontinent passierte: Die Deutschen fielen in Belgien und Holland ein, am 14. Juni war Paris in ihrer Hand.

Leonard war doppelt beunruhigt. Einerseits hatte er Angst um Virginia: Im Juli 1940 erschien die Biographie über Roger Fry. Leonard fürchtete, daß dieser Umstand wieder Virginias altes Leiden heraufbeschwörte. Dazu kam die allgemeine Krisenstimmung des Krieges, die auch längst bis nach Rodmell gedrungen war. Überall redete man von einer bevorstehenden Invasion der Nazis. Was man auf den Straßen sah, konnte diesen Verdacht nur bestärken: Soldaten, Militärfahrzeuge. Und Rodmell – das wußte jedermann – lag gerade in der Zone, die bei einer Invasion durch die Luft von der ersten Welle der Fallschirmjäger überrollt worden wäre. Den Woolfs war klar, was das für sie persönlich bedeuten mußte. Sie kannten die Nachrichten aus Deutschland. *Kapitulation wird bedeuten, daß alle Juden daran glauben müssen. Konzentrationslager.*[193] Leonard war Jude und Sozialist. Er konnte es sich gut vorstellen, was mit ihm und seiner Frau passieren würde. Sie sprachen beide ganz offen über Selbstmord. Die Invasion wollten sie nicht erleben. In der Garage horteten sie Benzin, um sich zu verbrennen, falls Hitler den Krieg gewänne und

*Büste von
Stephen Tomlin, 1931*

Tuesday.

Dearest,

I feel certain that I am going
mad again. I feel we cant go
through another of those terrible times.
And I shant recover this time. I begin
to hear voices, & cant concentrate.
So I am doing what seems the best
thing to do. You have given me
the greatest possible happiness. You
have been in every way all that anyone
could be. I dont think two
people could have been happier till
this terrible disease came. I cant
fight it any longer, I know that I am
spoiling your life, that without me you
could work. And you will I know.
You see I cant even write this properly. I
cant read. What I want to say is that I owe
all the happiness of my life to you.
You have been entirely patient with me &
incredibly good. I want to say that —
everybody knows it. If anybody could

Virginias letzter Brief an Leonard

die Deutschen britischen Boden beträten. Von Adrian erhielten sie Morphium: eine angenehmere Todesart. Man spürte auch in Rodmell den Krieg von Tag zu Tag deutlicher: Tiefflieger jagten mit hämmernden Bordwaffen über das Dorf, Bomben detonierten. *Sie kamen ganz nah heran. Wir legten uns unter den Baum. Es war ein Geräusch, als ob jemand genau über uns in der Luft sägte. Wir lagen, die Hände hinter dem Kopf, flach auf dem Gesicht. Preß die Zähne nicht aufeinander, sagte Leonard. Sie schienen an einem festen Punkt herumzusägen. Die Bomben ließen die Fenster meines Gartenhäuschens beben. Wird eine hier herunterkommen? fragte ich. Wenn ja, dann gehen wir zusammen kaputt. Ich dachte, glaube ich, an das Nichts, an die Leere; mein Kopf war leer. Etwas Angst, vermute ich. Sollten wir nicht Mabel holen? Zu gefährlich, jetzt aufzustehen, sagte Leonard. Dann kam eine weitere Maschine von Newhaven. Dröhnen und Sägen und Brummen ringsumher. In der Marsch wieherte ein Pferd. Sehr schwül. Ist das Donner, fragte ich. Nein, Geschützfeuer, sagte Leonard. Dann ebbten die Geräusche langsam ab ... Fünf vor sieben Entwarnung. 144 gestern nacht abgeschossen.*[194]

Eigenartigerweise schienen diese Erlebnisse Virginia weniger auszumachen als Leonard befürchtete; im Gegenteil, der allmählich beinahe nackte Kampf ums Überleben – es gab kaum noch etwas zu essen – trieb Virginia wie Leonard den Gedanken an Selbstmord aus dem Kopf. Man hatte sich mit Vordergründigerem herumzuschlagen. Vita Sackville-West schickte ab und zu von ihrem Hof Nahrungsmittel, was Virginia zu Begeisterungsstürmen hinriß. *Ich wünschte, ich wäre die Queen Victoria. Dann könnte ich Dir danken. Aus der Tiefe meines gebrochenen VEREINSAMTEN Herzens. Nie, nie, NIE? haben wir so erstaunliches, hinreißendes, WUNDERBARES – aber ich kriege den Stil nicht hin. Alles, was ich sagen kann, ist, daß ich, als wir die Butter in der Schachtel für Briefumschläge entdeckten, Louie riefen: Guck mal, Louie, sagte ich. Das ist ein ganzes Pfund Butter. Wobei ich mir einen Brocken abbrach und ihn aß, ohne etwas dazu ... Bitte, gratulier den Kühen von mir, und auch dem Milchmädchen ...*[195]

Die sporadischen Besuche in London machten Virginia traurig. *Was in London mein – wie ich es nenne – Herz rührte oder mir vielmehr das Herz umdrehte, waren die noch vom letzten Angriff her rußverschmierten alten Frauen in der Pension im hinteren Teil des Hauses, die sich auf den nächsten Angriff gefaßt machten.*[196] Die tödliche Last aus den Schächten deutscher Bomber hatte die glanzvolle Metropole in ein Trümmerfeld verwandelt; schwelende Feuer, zerborstene Pfeiler, zusammengestürzte Fassaden – so sah die Stadt aus. *Und dann die große Liebe meines Lebens – ich meine die Londoner City – London so zerstört zu sehen, auch das hat mir das Herz umgedreht.* Durch London zu gehen war ein Gang über einen Friedhof. *Die traurigen Ruinen meiner alten Plätze, aufgeschlitzt, niedergerissen; die alten roten Ziegelsteine alle weißer Puder ... all die Vollkommenheit verwüstet und zerstört.*[197]

Im September 1940, die Luftschlacht um England war auf ihrem Höhepunkt, traf eine Bombe auch das Haus am Mecklenburgh Square. *Trümmer, Glas, schwarzer dünner Rauch, Staub. Miss T. und Miss E. in Hosen, Overalls und Turban, sie wischen Staub ... Bücher über den ganzen Boden*

124

Virginia im Monks House

Der Garten

im Eßzimmer verstreut. In meinem Wohnzimmer Glas auf Mrs. Hunters Schrank – und so fort. Nur im Salon sind die Fenster noch heil. Ein Wind bläst durch die Räume. Hastig begann ich Tagebücher zusammenzusuchen. Was konnten wir in unserem kleinen Auto mitnehmen? Darwin und das Silber, einige Gläser und das Porzellan ... Erheiterung über verlorene Besitztümer – ich will meine Bücher und Stühle und Teppiche und die Betten – wie ich mich abgerackert habe, das alles zu kaufen, eins ums andere, und die Bilder. Aber Mecklenburgh hinter mir zu haben, es wäre eine Erleichterung jetzt ...[198]

Virginia arbeitete weiter an ihrem letzten Roman *Between the Acts* (Zwischen den Akten). Ein doppelter Kampf: einerseits die alten Ängste, das Schwanken zwischen höchster Erregung und tiefer Niedergeschlagenheit, was sich aufs Ende eines Buches zu immer schrecklicher steigerte und Virginia an den Abgrund einer Wahnwelt stieß; andererseits jetzt noch die psychische und physische Belastung durch den Krieg. Wenn

Blick aus dem Garten

die Bombenflugzeuge des Nachts ihre Fracht auf London warfen, hörte man in Rodmell dumpf die Explosionen und die Fensterscheiben bebten leise. Auch nach Rodmell verirrte sich ab und zu eine Bombe. Von ihrem Arbeitszimmer aus hatte Virginia die Kollision von Natur und Krieg deutlich vor Augen: Eine Bombe, die irgendeinen Teil der City hätte treffen sollen, fiel auf die Uferböschung der Ouse. Das Wasser ergoß sich in die Wiesen, und so entstand ein künstlicher See, über dem Möwen hin und her flogen.

Am 23. November war das Buch beendet. Leonard merkte, daß Virginia langsam wieder in ihren Wahn hineintrieb. Mitte März 1941 sagte sie Leonard, sie wolle nicht, daß *Between the Acts* erscheine. Damit war für Leonard klar, daß – nach vielen Jahren Pause – wieder eine ernsthafte Krise bevorstand. Leonard ging behutsam mit ihr um und versuchte ihr klarzumachen, daß sie wieder krank werden könnte und man besser gleich einen Arzt konsultieren sollte. Einfach war dies nicht, denn Virgi-

nia sträubte sich beharrlich, ihre Geisteskrankheit einzugestehen. Eine
Freundin der Familie, Octavia Wilberforce, war Ärztin in Brighton. Virginia stimmte widerstrebend zu, wenigstens Octavia aufzusuchen und
die Möglichkeiten einer Behandlung zu besprechen. Am 27. März fuhren sie nach Brighton zur Konsultation. Virginia schien ruhig und gefaßt
zu sein.

Der 28. März begann mit einem kalten, aber klaren Morgen, ein herrlicher Tag. Leonard brachte Virginia wie immer das Frühstück ans Bett.
Die Haushälterin Louie machte gerade Leonards Arbeitszimmer sauber,
als die beiden hereinkamen. Leonard bat Louie, Virginia ein Staubtuch
zu geben und sie beim Abstauben helfen zu lassen. Das war noch nie
passiert. Louie war verwundert, stellte aber keine Fragen. Virginia half
ihr einen Moment schweigend, legte dann das Tuch beiseite und verließ
wortlos den Raum. Sie ging, wie jeden Morgen, über den Garten in ihr
Zimmer. Dort setzte sie sich an ihren Schreibtisch mit dem Blick auf die
Niederungen der Ouse, starrte vielleicht auf die Seevögel, die in dem
farblosen Himmel auf und nieder glitten. Dann schrieb sie bedächtig zwei
Briefe, an Leonard und Vanessa.

*Liebster, ich spüre genau, daß ich wieder wahnsinnig werde. Ich
glaube, daß wir eine solche schreckliche Zeit nicht noch einmal durchmachen können. Und diesmal werde ich nicht wieder gesund werden. Ich
höre Stimmen, und ich kann mich nicht konzentrieren. Darum tue ich,
was mir in dieser Situation das Beste scheint. Du hast mir das größtmögliche Glück geschenkt. Du bist mir alles gewesen, was einem einer sein
kann. Ich glaube nicht, daß zwei Menschen haben glücklicher sein können – bis die schreckliche Krankheit kam. Ich kann nicht länger dagegen
ankämpfen. Ich weiß, daß ich Dir Dein Leben ruiniere und daß Du ohne
mich würdest arbeiten können. Und ich weiß, Du wirst es tun. Du siehst,
nicht einmal das kann ich richtig hinschreiben. Ich kann nicht lesen. Was
ich sagen möchte, ist, daß ich alles Glück meines Lebens Dir verdanke.
Du bist unglaublich geduldig mit mir und unglaublich gut zu mir gewesen. Das möchte ich sagen – jeder weiß es. Hätte mich jemand retten können, wärest Du es gewesen. Alles, außer der Gewißheit Deiner Güte, hat
mich verlassen. Ich kann Dein Leben nicht länger ruinieren. Ich glaube
nicht, daß zwei Menschen glücklicher hätten sein können, als wir gewesen
sind.*[199]

Sie ging ins Haus zurück, schlüpfte in ihren Mantel und nahm den
Stock. Vorher legte sie im Wohnzimmer die beiden Briefe auf den kleinen
Kaffeetisch. Als sie das Haus verließ, wurde sie von niemandem gesehen.
Es war gegen halb zwölf. Der Weg führte Virginia zum Fluß, durch schöne
Wiesen, die noch feucht waren vom Morgentau. Irgendwo legte sie ihren
Stock ab; Leonard fand ihn später im Schlamm stecken. Vielleicht ging sie
ohne Stock noch weiter oder es geschah an dieser Stelle. Sie hatte sich mit
Steinen in den Manteltaschen beschwert. Sie wollte kein Risiko eingehen.

Dann watete sie in den Fluß. So oder ähnlich muß es sich abgespielt haben.

Louie läutete um eins zum Mittagessen. Leonard wollte oben noch die neuesten Nachrichten im Radio hören. Aber er kam sofort die Treppe heruntergerannt und schrie, er glaube, seine Frau habe sich etwas angetan. Leonard hatte die Briefe gefunden. Durch den Garten stürzte er auf den Fluß zu. Der Gärtner alarmierte den Dorfpolizisten. Leonard suchte am Fluß entlang, vergeblich, bis in die Nacht. Zwei Wochen später fanden Kinder Virginias Leiche am Ufer.

Anmerkungen

1 *Eine Skizze der Vergangenheit*. In: *Augenblicke*. Stuttgart 1981. S. 89
2 *Old Bloomsbury*. In: *Augenblicke*, S. 214
3 Leslie Stephen: «The Mausoleum Book». Oxford 1977. S. 33
4 *Leslie Stephen*. In: *Collected Essays*, Vol. 4. London 1967. S. 78
5 *Eine Skizze der Vergangenheit*, a. a. O., S. 93
6 Ebd.
7 *Old Bloomsbury*, a. a. O.
8 Mit drei Familien meint Virginia Woolf die Stephens, die Duckworths – also die drei angeheirateten Stiefkinder Leslies, Stella, George und Gerald – und Thackerays Enkelin, Laura Stephen, Leslies Tochter aus erster Ehe. Laura war schwachsinnig und eine ewige Belastung der Familie. Sie kam später in eine Anstalt, wo sie bis 1945 lebte.
9 *Old Bloomsbury*, a. a. O.
10 *Letters*, Vol. I, S. 300 (20. Juli 1907, an Violet Dickinson)
11 *Old Bloomsbury*, a. a. O., S. 214f
12 *Eine Skizze der Vergangenheit*, a. a. O., S. 90
13 Ebd., S. 115
14 Ebd., S. 107
15 Ebd., S. 104
16 Ebd., S. 106
17 Ebd., S. 90f
18 Ebd., S. 150
19 Ebd., S. 149
20 Ebd.
21 Ebd., S. 88
22 Ebd., S. 91
23 *Reminiszenzen*. In: *Augenblicke*, a. a. O., S. 47
24 Ebd.
25 Ebd., S. 55f
26 Ebd., S. 52
27 *Eine Skizze der Vergangenheit*, a. a. O., S. 115
28 Ebd., S. 124
29 Ebd., S. 115
30 Ebd., S. 125
31 Ebd., S. 136
32 Ebd., S. 126f
33 Ebd.
34 Ebd., S. 127

35 Ebd., S. 128
36 *Reminiszenzen*, a. a. O., S. 57
37 Ebd., S. 58
38 Ebd.
39 Ebd., S. 60
40 Ebd., S. 61
41 *Eine Skizze der Vergangenheit*, a. a. O., S. 128
42 Ebd., S. 129
43 *Reminiszenzen*, a. a. O., S. 61
44 Ebd., S. 63
45 Ebd.
46 Ebd., S. 67
47 *Hyde Park Gate 22*. In: *Augenblicke*, a. a. O., S. 194
48 *Eine Skizze der Vergangenheit*, a. a. O., S. 129
49 *Reminiszenzen*, a. a. O., S. 68
50 Ebd., S. 71 f
51 *Eine Skizze der Vergangenheit*, a. a. O., S. 168 f
52 Zit. n. Quentin Bell: «Virginia Woolf». Frankfurt a. M. 1977. S. 91
53 *Eine Skizze der Vergangenheit*, a. a. O., S. 170
54 *Reminiszenzen*, a. a. O., S. 80
55 *Eine Skizze der Vergangenheit*, a. a. O., S. 167
56 Ebd., S. 171
57 Ebd., S. 181
58 Ebd., S. 171
59 Ebd., S. 172
60 Ebd.
61 Ebd., S. 173 f
62 Ebd., S. 175
63 Ebd., S. 176
64 Ebd.
65 Ebd., S. 177
66 *Reminiszenzen*, a. a. O., S. 82
67 Ebd., S. 83
68 *Eine Skizze der Vergangenheit*, a. a. O., S. 183
69 Ebd., S. 184
70 *Letters*, Vol. I, S. 63 (27. Dezember 1902, an Violet Dickinson)
71 Ebd., S. 143 (26. September 1904, an Violet Dickinson)
72 *Old Bloomsbury*, a. a. O., S. 216
73 Ebd., S. 215
74 Ebd., S. 217
75 Ebd.
76 Ebd.
77 Ebd.
78 Virginias Schwester Vanessa an Madge Vaughan, 25. März 1905; zit. n. Bell, a. a. O., S. 132
79 Ebd.
80 Petra Kipphoff: «Bloomsbury: ein Stadtteil, eine Clique, ein Mythos». In: «Die Zeit», 5. Juli 1974
81 Zit. n. George Spater und Ian Parson: «Porträt einer ungewöhnlichen Ehe».

Frankfurt a. M. 1980. S. 55

82 *Old Bloomsbury*, a. a. O., S. 218
83 Spater und Parson, a. a. O., S. 54f
84 *Reminiszenzen*, a. a. O., S. 55
85 *Old Bloomsbury*, a. a. O., S. 217
86 Ebd., S. 218
87 Ebd., S. 225
88 Ebd., S. 222f
89 Ebd., S. 224
90 Ebd., S. 229
91 Spater und Parson, a. a. O., S. 59f
92 *Old Bloomsbury*, a. a. O., S. 228
93 *Letters*, Vol. I., S. 318f (6. November 1907, an Madge Vaughan)
94 *Old Bloomsbury*, a. a. O., S. 226
95 Zit. n. Bell, a. a. O., S. 166
96 *Old Bloomsbury*, a. a. O., S. 232
97 Ebd., S. 233
98 Virginia Woolf an Madge Vaughan (Frühsommer 1909); zit. n. Bell, a. a. O., S. 190
99 *Old Bloomsbury*, a. a. O., S. 235
100 Ebd., S. 235f
101 Ebd., S. 236
102 Ebd., S. 238
103 *Letters*, Vol. I, S. 431 (28. Juli 1910, an Vanessa)
104 *A Writer's Diary*, 3. Januar 1923, zit. n. Bell, a. a. O., S. 347f
105 *Old Bloomsbury*, a. a. O., S. 221f
106 Spater und Parson, a. a. O., S. 77
107 Ebd.
108 *Letters*, Vol. I, S. 466 (8. Juni 1911, an Vanessa)
109 Spater und Parson, a. a. O., S. 79
110 *Letters*, Vol. I, S. 467 (8. Juli 1911, an Leonard Woolf)
111 Ebd., S. 476 (31. August 1911, an Leonard Woolf)
112 Ebd., S. 496 (1. Mai 1912, an Leonard Woolf)
113 Spater und Parson, a. a. O., S. 88
114 *Letters*, Vol. II, S. 34 (4. August 1913, an Leonard Woolf)
115 Ebd., S. 9 (9. Oktober 1912, an Violet Dickinson)
116 *Letters*, Vol. I, S. 488 (13. Januar 1912, an Leonard Woolf)
117 Ebd., S. 496 (1. Mai 1912, an Leonard Woolf)
118 Ebd., S. 491 (5. März 1912, an Leonard Woolf)
119 Ebd., S. 496 (1. Mai 1912, an Leonard Woolf)
120 Ebd., S. 500 (4. Juni 1912, an Violet Dickinson)
121 Ebd., S. 501 (6. Juni 1912, an Lytton Strachey)
122 Ebd., S. 500 (4. Juni 1912, an Violet Dickinson)
123 *Letters*, Vol. II, S. 15 (24. Dezember 1912, an Violet Dickinson)
124 Ebd., a. a. O., S. 14
125 Mit Gerald ist Gerald Duckworth gemeint, der inzwischen einen Verlag betrieb.
126 *Letters*, Vol. II. S. 22f (11. April 1913, an Violet Dickinson)
127 Ebd., S. 51 (12. August 1915, an Ka Cox)

128 Bell, a. a. O., S. 267 f
129 Ebd., S. 270
130 *Letters*, Vol. II, S. 67 (22. Oktober 1915, an Lytton Strachey)
131 *Diary*, Vol. I, S. 57 (10. Oktober 1917)
132 Ebd.
133 Ebd., S. 224 (7. Dezember 1918)
134 Ebd., S. 57 (10. Oktober 1917)
135 Ebd., S. 211 (30. Oktober 1918)
136 Bell, a. a. O., S. 353 (17. April 1922, an Leonard Woolf)
137 *Letters*, Vol. II, S. 59 (22. Februar 1915, an Margaret Llewelyn Davies)
138 Bell, a. a. O., S. 289
139 *Letters*, Vol. II, S. 150 (26. April 1917, an Vanessa)
140 Ebd., S. 143 (11. Februar 1917, an Vanessa)
141 *Diary*, Vol. III, S. 270 (8. Dezember 1929)
142 Neben Virginias *Kew Gardens* sollten gleichzeitig erscheinen: Eliots «Poems» und Murrys «The Critic in Judgment». Daß Virginias Buch in diesem «Wettbewerb» in bezug auf die Subskription schlechter lag, schien sie teilweise verärgert zu haben (vgl. Spater und Parson, a. a. O., S. 129).
143 *A Writer's Diary*, a. a. O., S. 14 (12. Mai 1919)
144 Ebd., S. 15 (10. Juni 1919)
145 Die Lektoren der Hogarth Press waren Ralph Partridge (1920–23), Marjorie Joad (1923–25), G. W. Rylands (Juli–Dezember 1924), Angus Davidson (1924–27), Bernadette Murphy (Februar–Juli 1925), Mrs. Cartwright (1925–30), Richard Kennedy (1929–31), John Lehmann (1931–32). Lehmann kehre 1938 als Partner Leonards zum Verlag zurück. 1946 gab er seinen Anteil wieder zurück.
146 *Eine Skizze der Vergangenheit*, a. a. O., S. 170
147 Ebd., S. 96
148 Ebd., S. 98
149 Ebd., S. 99
150 Bell, a. a. O., S. 168
151 *Letters*, Vol. I, S. 356 (19. August 1908, an Clive Bell)
152 *Letters*, Vol. II, S. 325 (5. Februar 1919, an Katherine Arnold-Forster)
153 *A Writer's Diary*, a. a. O., S. 23 (26. Januar 1920)
154 *Diary*, Vol. II, S. 125 (8. August 1921)
155 Ebd., S. 186 (26. Juli 1922)
156 *Jacobs Raum*. Frankfurt a. M. 1981. S. 231 f
157 *Diary*, Vol. II. S. 247 ff (19. Juni 1923)
158 Vgl. *Mr. Bennett und Mrs. Brown. Ein Vortrag im Häretikerklub in Cambridge.* In: *Granit und Regenbogen. Essays*. Frankfurt a. M. 1960. S. 161 f
159 *Mrs. Dalloway*. Frankfurt a. M. 1977. S. 19
160 Bell, a. a. O., S. 392 (17. Mai 1927, Roger Fry an Virginia Woolf)
161 *Letters*, Vol. III, S. 385 (27. Mai 1927, an Roger Fry)
162 *Diary*, Vol. IV, S. 10 (7. Februar 1931)
163 *Letters*, Vol. I, S. 326 (20. April 1908, an Clive Bell)
164 *Die Wellen*. Frankfurt a. M. 1979. S. 294
165 *Diary*, Vol. IV, S. 129 (2. November 1932)
166 Ebd.
167 Ebd., S. 242 (12. September 1934)

168 Ebd., S. 186 (29. Oktober 1933)
169 Ebd., S. 275 f (23. Januar 1935)
170 Ebd., S. 360 (28. Dezember 1935)
171 Ebd., S. 361 (30. Dezember 1935)
172 *A Writer's Diary* (8. April 1936), zit. n. Bell, a. a. O., S. 468
173 Ebd., S. 474 (2. März 1936)
174 Ebd.
175 *Letters*, Vol. IV, S. 230 f (16. Oktober 1930, an Ethel Smyth)
176 *Diary*, Vol. V, S. 275 (20. Februar 1937)
177 Ebd., S. 277 (1. März 1937)
178 *Die Jahre*. Frankfurt a. M. 1979. S. 369
179 *The Niece of an Earl*. In: *The Common Reader. First and Second Series*. New York 1925. S. 217
180 *Letters*, Vol. I, S. 313 (1. Oktober 1907, an Violet Dickinson)
181 *Ein Zimmer für sich allein*. Frankfurt a. M. 1981. S. 49
182 Ebd., S. 43
183 Ebd., S. 32 f
184 Ebd., S. 54 f
185 Ebd., S. 124 f
186 Ebd., S. 127
187 Ebd., S. 130
188 *Drei Guineen*. München 1977. S. 156
189 Ebd., S. 157
190 Ebd., S. 158
191 *A Writer's Diary*, S. 316 (24. August 1939)
192 Ebd., S. 326 (9. Februar 1940)
193 Ebd., S. 336 (9. Juni 1940)
194 Ebd., S. 342 (16. August 1940)
195 *Letters*, Vol. VI, S. 447 f (29. November 1940)
196 Ebd., S. 431 (12. September 1940, an Ethel Smyth)
197 *A Writer's Diary*, S. 363 (15. Januar 1940)
198 Ebd., S. 357 (20. Oktober 1940)
199 Bell, a. a. O., S. 504 f

«*Auf die eine oder andere Weise, hoffe ich ...*

... werden Sie selbst zu genügend Geld kommen, um zu reisen und müßig zu sein, über die Zukunft oder die Vergangenheit der Welt nachzudenken, über Bücher zu träumen und an Straßenecken herumzustehen und den Fluß der Gedanken tief in den Strom einmünden zu lassen», schrieb Virginia Woolf an eine Autorin.

Auch ihr war klargeworden, daß die Emanzipation der Frau erst mit der wirtschaftlichen Unabhängigkeit beginnen kann. Sicherlich gibt es mehrere Möglichkeiten, um an Geld zu kommen. Eine davon hat bei Frauen eine lange Tradition: das Sparen.

Pfandbrief und Kommunalobligation

Meistgekaufte deutsche Wertpapiere - hoher Zinsertrag - schon ab 100 DM bei allen Banken und Sparkassen

Verbriefte Sicherheit

Zeittafel

1882	25. Januar: Adeline Virginia Stephen in London als drittes Kind von vier Kindern des Schriftsteller Leslie Stephen (geb. 1832) und Julia Duckworth (geb. 1846) geboren. Virginias Geschwister sind Vanessa (geb. 1879), Julian Thoby (geb. 1880), Adrian Leslie (geb. 1883). Die Eltern, beide verwitwet, heirateten 1878 und wohnten in der Hyde Park Gate 22 im Londoner Stadtteil Kensington.
1882–1894	Sommeraufenthalt in Talland House in St. Ives.
1891	Februar: Die erste Nummer der «Hyde Park Gate News», die Familienzeitschrift der Stephens-Kinder, erscheint.
1895	5. Mai: Tod der Mutter als Folge einer Influenza.
	November: Talland House wird verkauft.
1896	November: Virginia, Vanessa und George Duckworth reisen für eine Woche nach Nordfrankreich.
1897	Januar: Virginia beginnt ein Tagebuch zu führen.
	10. April: Stella Duckworth heiratet Jack Hills und zieht in ein eigenes Haus um.
	19. Juli: Stella stirbt an den Folgen einer Bauchfellentzündung.
1902	Virginia erhält Privatstunden in Griechisch.
	Leslie Stephen an Krebs erkrankt.
1904	22. Februar: Leslie Stephen stirbt.
	April: Florenz-Reise.
	Mai: Nervenzusammenbruch Virginias.
	Oktober: Die Geschwister ziehen an den Gordon Square 46 in Bloomsbury. Virginia hält sich derweilen wegen ihres labilen Gesundheitszustands in Cambridge auf.
	November: Virginia jetzt auch am Gordon Square. Erste Artikel für die Frauenbeilage des «Guardian». Zusammentreffen mit Leonard Woolf beim Abendessen.
1905	Januar: Virginia unterrichtet am Morley College.
	Februar: Thoby arrangiert die ersten Zusammenkünfte des Bloomsbury-Kreises am Donnerstagabend.
	März: Virginia und Adrian reisen nach Oporto, Lissabon, Sevilla, Granada.
1906	September–Oktober: Große Griechenland-Reise der Stephens-Geschwister mit Violet Dickinson. Virginia erkrankt an Nausea.
	20. November: Thoby stirbt am Typhus.
	22. November: Vanessa verlobt sich mit Clive Bell.
1907	7. Februar: Vanessa heiratet.

	März: Vanessa und Clive bleiben am Gordon Square. Virginia und Adrian ziehen an den Fitzroy Square 29.

Ab Oktober: Am Fitzroy Square werden die Donnerstagabendtreffs des Bloomsbury-Kreises wieder eingeführt. Virginia arbeitet an einem Roman (*Melymbrosia*). Regelmäßige Treffen bei Vanessa am Gordon Square.

1909	Februar: Lytton Strachey macht Virginia einen Heiratsantrag, den er aber wieder zurückzieht.

März: Virginia lernt Lady Ottoline Morrell kennen.

August: Virginia, Adrian und Saxon Sidney-Turner nach Bayreuth und Dresden.

1910	10. Februar: Die Stephens veralbern die britisch-königliche Marine mit ihrem «Dreadnought»-Abenteuer.

Juni–August: Virginia erkrankt. Aufenthalt in der Privatklinik in Twickenham.

1911	Januar: Little Talland House in Firle gemietet und eingerichtet.

3. Juli: Virginia trifft bei Vanessa mit Leonard zusammen. Virginia will ein neues Haus in London suchen. Little Talland House wird aufgegeben zugunsten von Asham.

November: Umzug nach Brunswick Square 38. Virginia und Adrian vermieten weiter an Maynard Keynes, Duncan Grant und Leonard Woolf.

1912	Januar: Leonard macht Virginia einen Heiratsantrag.

Februar: Virginia wieder zur Kur in Twickenham, dann zur Erholung in Asham.

Mai: Leonard gibt den Kolonialdienst auf und bleibt endgültig in England. Virginia ist bereit, Leonard zu heiraten.

10. August: Heirat auf dem Standesamt St. Pancras in London. Hochzeitsreise in die Provence, nach Spanien und Italien.

Oktober: Wieder in London. Leonard nimmt seine Tätigkeit als Sekretär der zweiten Nachimpressionistenausstellung (Grafton Galleries) an. Die Woolfs ziehen um nach Clifford's Inn 13.

Dezember: Kopfschmerzen, Aufenthalt in Asham.

1913	März: *Voyage Out* ist abgeschlossen.

April: *Voyage Out* soll publiziert werden.

Juli: Neue Depressionen Virginias. Wieder Kur in Twickenham, diesmal aber erfolglos. Wahnideen und Verweigerung der Nahrung.

9. September: Virginia will sich umbringen und nimmt Schlaftabletten.

Anfang Dezember: Virginia in Asham, Leonard kündigt Clifford's Inn.

1914	Virginia genest langsam, abwechselnd in Asham und London. 4. August: England erklärt Deutschland den Krieg.

Oktober: Neue Unterkunft in der Pension in The Green 17 (Richmond).

1915	Februar: Virginia wieder erkrankt.

März: Leonard zieht ins Hogarth House um, Virginia derweilen in Privatklinik.

26. März: *Voyage Out* erscheint.

	Langsame Genesung, in Asham und London. Über Weihnachten in Asham.
1916	Oktober: Vortrag Virginias in der Women's Co-operative Guild von Richmond.
1917	März: Die Woolfs bestellen eine Druckerpresse.
	Juli: Erste Veröffentlichung der Hogarth Press, Virginias *The Mark on the Wall*.
	November: Die Woolfs besuchen Philip und Lady Ottoline Morrell in Garsington Manor.
1918	Virginia rezensiert für das «Times Literary Supplement».
	11. November: Waffenstillstand.
	November: Virginia lernt T. S. Eliot kennen.
1919	Mai: Die Hogarth Press veröffentlicht *Kew Gardens*.
	Juli: Für 700 Pfund ersteigern die Woolfs Monk's House in Rodmell. Asham war ihnen zu Jahresbeginn gekündigt worden.
	20. Oktober: *Night and Day* erscheint.
1920	März: Erste Zusammenkunft des Memoir Clubs.
	Oktober: Ralph Partridge wird Mitarbeiter der Hogarth Press.
1921	März: Virginia begleitet Leonard zu einer Wahlversammlung nach Manchester.
1922	27. Oktober: Bei Hogarth Press erscheint *Jacob's Room*.
	November: Leonard scheitert bei den Parlamentswahlen.
	Dezember: Virginia begegnet Vita Sackville-West.
1923	März: Leonard nimmt den Posten eines Feuilletonredakteurs bei «The Nation» an.
	März: Reise nach Frankreich und Spanien.
1924	März: Umzug nach Tavistock Square 52.
1925	April: *The Common Reader* erscheint.
	Mai: *Mrs. Dalloway* erscheint.
	Oktober–November: Virginia fühlt sich elend, arbeitet wenig.
1927	5. Mai: *To the Lighthouse* erscheint.
	Juli: Virginia verbringt vierzehn Tage bei Vita Sackville-West in Long Barn. Ein Auto wird angeschafft. Virginia spricht im Radio.
1928	September: Virginia und Vita Sackville-West fahren nach Frankreich.
	11. Oktober: *Orlando* erscheint.
	Oktober: Zwei Vorträge Virginias vor den Frauencolleges in Cambridge.
1929	Januar: Die Woolfs reisen nach Berlin.
	24. Oktober: *A Room for One's Own* erscheint.
1931	Januar: Virginia lernt John Lehmann kennen, künftig Mitarbeiter der Hogarth Press, später Teilhaber.
	April: Frankreich-Reise im Auto.
	8. Oktober: *The Waves* erscheint.
1932	21. Januar: Lytton Strachey tot.
	April: Griechenland-Reise.
	Juni–Juli: Reges gesellschaftliches Leben.
	1. Juli: *Letter to a Young Poet* publiziert.
1933	Mai: Reise über Frankreich nach Pisa und Siena.
	5. Oktober: *Flush* erscheint.

1935	Mai: Europa-Reise.
	Juli: Virginia eröffnet die Ausstellung von Roger Frys Bildern.
1936	Qualvolle Arbeit am Roman *The Years*.
1937	15. März: *The Years* erscheint.
	Mai: Frankreich-Reise.
	Dezember: Leonard erkrankt.
1938	März: John Lehmann übernimmt Virginias Anteil an der Hogarth Press.
	2. Juni: *Three Guineas* erscheint.
	Juni–Juli: Schottland-Reise.
1939	Januar: Die Woolfs besuchen in Hampstead Sigmund Freud.
	März: Virginia lehnt den Ehrendoktor der Universität Liverpool ab.
	Juni: Autoreise durch die Bretagne und Normandie.
	August: Umzug der Hogarth Press an den Mecklenburgh Square 37.
	1. September: Deutschland fällt in Polen ein.
	3. September: England erklärt Deutschland den Krieg.
1940	April: Vortrag Virginias vor dem Arbeiterbildungsverein in Brighton.
	10. Mai: Deutschland überfällt Holland und Belgien.
	10. Juni: Kriegseintritt Italiens.
	Juni: Die Woolfs tragen sich mit Suizidplänen für den Fall einer deutschen Invasion.
	25. Juli: *Roger Fry: A Biography* erscheint.
	Tägliche Luftangriffe auf London. Die Schlacht um England auf ihrem Höhepunkt.
	September: Das Haus am Mecklenburgh Square schwer beschädigt.
1941	Februar: Virginias letzter Roman *Between the Acts* beendet.
	März: Virginias gesundheitlicher Zustand verschlechtert sich rapide.
	27. März: Leonard bringt Virginia zur Ärztin Octavia Wilberforce nach Brighton.
	28. März: Virginia sucht den Tod in der Ouse.

Zeugnisse

E. M. Forster

Von der Frauenbewegung inspiriert, schrieb sie eines ihrer brillantesten Bücher, das hinreißende und unter die Haut gehende *A Room of One's Own* ... Aber die Frauenbewegung ist auch schuld am miserabelsten ihrer Bücher – den streitsüchtigen *Three Guineas* – und Ursache für eine Reihe weniger guter Passagen in *Orlando*. Der Feminismus hat in ihrem ganzen Werk seine Spuren hinterlassen, und sie dachte dauernd darüber nach. Sie war überzeugt davon, daß die Gesellschaft für die Männer gemacht sei, daß die Hauptbeschäftigung der Männer darin bestehe, Blut zu vergießen, Geld zu verdienen, Befehle auszuteilen und Uniformen zu tragen und daß keine dieser Beschäftigungen bewunderungswürdig sei. Frauen kleiden sich zu ihrem Vergnügen oder weil sie schön sein wollen, Männer dagegen, um Eindruck zu machen, und sie hatte kein Erbarmen mit dem Richter, der eine Perücke trägt, dem General in seinem Ordenssegen, dem Bischof im prunkvollen Gewand oder sogar dem vergleichsweise unbedeutenden Universitätslehrer im Talar. Sie hatte den Verdacht, daß die Männer mit dieser Maskerade ein bestimmtes Ziel verfolgten, ohne dabei die Frauen jemals nach ihrer Meinung zu fragen. Und das mißfiel ihr ganz gehörig. Den Männern verweigerte sie jede Zusammenarbeit, in der Theorie und manchmal auch in der Praxis. Deshalb wurde sie nie Mitglied eines Komitees und setzte ihre Unterschrift nie unter einen Aufruf, weil die Frauen weder das von den Männern verursachte Unheil verzeihen noch die Brosamen der Macht aufsammeln sollten, die ihnen gelegentlich vor die Füße geworfen wurden. Wie Lysistrate zog sie sich zurück.

«Rede Lecture». 1942

Walter Jens

Virginia Woolf, die legitime Verwalterin des Joyceschen Erbes, zögerte nicht, die im «Ulysses» liegenden Hinweise auf ihre Art zu verwerten. Auch sie beschränkte sich, wie Joyce, auf ein fest umrissenes zeitliches Maß: zwölf Stunden aus dem Leben der Mrs. Dalloway, zwei durch einen Abstand von zehn Jahren getrennte Tage der Familie Ramsay; auch sie konzentriert die Handlung auf einen einzigen Punkt, die Stadt London oder eine Insel der Hebriden. Aber, im Unterschied zu Joyce, ließ sie die Räume mitspielen und machte die Landschaft, symbolisiert im Leuchtturm und den Uhrenschlägen des Big Ben, zum Handlungsträger. Während Proust und Joyce die Erwähnung der äußeren Zeit nach Möglichkeit umgingen, lagen für Virginia Woolf Reiz und Verlockung gerade im Wechselspiel von meßbarer und verlorener Zeit, jener «discrepancy between time on the clock and time in the mind», von der sie in *Orlando* spricht.

«Statt einer Literaturgeschichte». 1967

Günter Blöcker

Wer auf die «feste Substanz» des Lebens aus ist, wer einen Autor nach den Realitätszufälligkeiten beurteilt, die er in seinem Werk verarbeitet, nach der darin enthaltenen empirischen Aktualität, kann allerdings in Virginia Woolfs Romanen schwerlich etwas anderes als Flucht und Lebensabgewandtheit erblicken. Nur daß er damit den Akzent auf eben das legt, was diese Autorin hinter sich zu lassen wünscht. Denn was wir (mit einem Wort der Dichterin selbst) die «feste Substanz» des Daseins nannten – gerade dies ist für sie nicht nur von untergeordneter Bedeutung, es erscheint ihr vielmehr als schlechthin wahnhaft und illusorisch. Die Überzeugung von der kosmischen Qualität jedes Einzeldings, seiner Zugehörigkeit zu einem Weiteren und Größeren, als es der historische Augenblick ist, gehört ebenso zu ihren Glaubenssätzen wie die Auffassung von der Hinfälligkeit und Unhaltbarkeit des landläufigen Individualitätsbegriffes. Wie ihr ein Gegenstand vor allem ein möglicher Sammelpunkt, eine Durchgangsstation von Eindrücken und Empfindungen ist, und zwar solcher, die nicht nur der Gegenwart angehören, sondern gleichermaßen in Vergangenheit und Zukunft weisen, so steht für sich auch der einzelne Mensch unter dem Gesetz des Heute und Immer. Die aktuelle Persönlichkeit in ihrer scharfen, starren Begrenztheit wird aufgelöst, sie soll abdanken zugunsten eines Wesens, das in jedem Augenblick alles ist, undeutlich zwar in seinem Umriß, aber vibrierend in seiner Empfänglichkeit, für die es keine Sonderungen gibt, weder die der Zeit noch die vom Ich und Du.

Das ist Virginia Woolfs Vision, das zentrale Erlebnis ihres Dichtertums, und aus ihr ergibt sich die erzählerische Methode. Negativ bedeutet dies die Ablehnung des immer wieder enttäuschten und immer wieder enttäuschenden Bemühens, die Welt mit den Mitteln einer bloß realistischen, bloß logischen Story dingfest zu machen. Positiv ist dies der ingeniöse Versuch, Substanz erfahrbar zu machen nicht durch Eingrenzung und Verdickung, sondern durch Zerstäubung. So wird Virginia Woolf zur Schöpferin eines neuen Romans der Sensibilität. Einer Sensibilität, die nicht im persönlichen Bereich verharrt, sondern ihre Organe in den größeren Raum eines vom Selbst befreiten Bewußtseins: Reizbemerkung als ein Akt höherer Kommunikation.

«Ein literarischer Pointillismus». 1963

Christopher Isherwood

Was kann man noch über sie sagen? Für die Kritiker gehört sie zu den vier besten Schriftstellerinnen Englands. Ihre Freunde rühmen ihre Schönheit, ihre Einzigartigkeit und ihren Charme. Und ich bin sehr stolz, daß ich sie gekannt habe. Welche Rolle spielte sie? Die einer verhexten Prinzessin oder die eines bösen kleinen Mädchens auf einer Teeparty? Oder beide Rollen? Oder überhaupt keine? Ich weiß es einfach nicht. Auf jeden Fall war sie anders als alle andern, und diese Welt paßte nicht für sie. Es macht mich froh, daß sie sich davon befreien konnte, bevor alles, was sie liebte, in Trümmer ging. Wenn ich einen Grabspruch für sie aussuchen sollte, aus ihrem Werk, fielen mir diese Worte ein: Es ist getan und vollbracht. Ja, dachte sie und legte sehr müde ihren Pinsel nieder, ich habe meinen Traum gehabt.

«Virginia Woolf». 1966

Barbara Bondy

Virginia Woolf, eines der wenigen weiblichen Genies, die die Welt besessen hat, von der Literaturgeschichte Joyce und Proust ranggleich zugeordnet, entscheidend beteiligt an der Entwicklung der modernen Epik, ist dem deutschen Publikum offenbar und immer noch eine Fremde, Meisterin mit sieben Siegeln: zum Bildungspflichtstoff nie geworden, noch weniger zur Lektüre aus Liebe (hat Albee wenigstens den Namen – als Wortspiel gebraucht, zum Wortspiel erniedrigt – unter die Leute gebracht?). Warum, wieso? Der Rezensent, bewußt seiner Ohnmacht, süchtig, das Publikum dennoch geneigt zu machen, gesteht: Er weiß es nicht. Der Sachverhalt bleibt unklar, auch 25 Jahre nach dem Tod Virginia Woolfs noch, die an einem Morgen im März 1941 – die deutschen Bomber brausten über ihr Haus – den Freitod im Strom der Ouse fand, die erbarmungslose Frage dabei aufwerfend, ob eine bestimmte extreme Ausbildung des hochsensiblen modernen Bewußtseins in dieser Welt, an dieser Welt zwangsläufig scheitern muß.

«Die Welt als Augenblick». 1966

Elizabeth Bowen

Sie war eine außerordentliche Schönheit; ich glaube, daran erinnern sich die Menschen, die sie gekannt haben. Aber ich weiß nicht, ob das allgemein bekannt war.

Ihre Bewegungen waren lebendig, fließend, aber sie als vital zu bezeichnen wäre falsch. Ihre Bewegungen waren nicht rhythmisch oder ruckartig. Es war schön, sie gehen zu sehen, wenn sie sich gegen den Horizont abhob oder über ein Feld schritt. Und schön ruhte der Kopf auf ihren Schultern. Ihre Hände waren bemerkenswert. Sie bewegte sich wie ein junger Mensch.

Man beschrieb sie mir, erinnere ich mich, bevor ich sie gesehen hatte.

Ich hatte gefragt: Wie sieht sie aus, was für eine Persönlichkeit ist sie? Man antwortete mir: Oh, sie ist von einer spontanen, leichten und unbewußt anmutigen Beweglichkeit. Ich meine, das spürt man auch in ihren Texten. Sie sagte mir einmal von jemandem: «Man konnte ihren Texten ansehen, daß sie eine Schönheit war.» Ich glaube nicht, daß sie das jemals auf sich selbst bezog. Und doch glaube ich, daß ihre Schönheit ein wichtiger Faktor für sie war, wichtiger, als es ihr bewußt war.

Interview aus dem Fernsehfilm «A Night's Darkness. A Day's Sail»

Hermann Glaser

Auch wenn von ihrer Klassenlage her die Dichterin keinen Zugang zum arbeitenden Volk und zu den unteren Schichten hatte, dementsprechend die Probleme der Industrialisierung und des Proletariats unbeachtet ließ, so hat sie doch in ihren Romanen dem «Leiden an der Zeit», das zugleich eine Suche nach der verlorenen Zeit war, humanen Ausdruck verliehen. Unter dem Einfluß von Proust und Tschechow, vor allem auch von James Joyce, dessen Vulgarität sie freilich wenig schätzte, obwohl sie selbst keineswegs prüde oder durch Tabus bestimmt war, hat sie die moderne Heimatlosigkeit, die existentielle Verlorenheit in fragilen Dichtwerken eingefangen – eine Meisterin des inneren Monologs bzw. der Fixierung von «Bewußtseinsströmungen».

«Literatur des 20. Jahrhunderts in Motiven». 1979

Hilde Spiel

In ihr verlor die Welt eines ihrer seltensten Güter; ein weibliches Genie. Ein Genie freilich, das nicht aus dem Dunkel stammte, sondern aus Herkunft und Umgebung beinahe errechenbar war. Denn gleich den Huxleys, den Stracheys, den Garnetts, Bells und Frys gehörte Virginia Woolf zu einer jener großen Familien des 19. Jahrhunderts, in denen die Künste gepflegt, der Geist verehrt und das Talent gezüchtet wurden, bis in einem ihrer Erben die Saat aufging, der unerklärliche Sprung sich vollzog und aus der Summe der Teile sich das wunderbare Ganze, das Genie ergab.

«Virginia Woolf – Bildnis einer genialen Frau». 1981

Gisela von Wysocki

Über den Produktionen Virginia Woolfs liegt wie ein Relief die Indifferenz. Sie ist bei ihr als eine unbewußte Signatur das Gegenteil von Gleichgültigkeit oder Neutralität. Virginia Woolf zu lesen, ihre Erscheinung zu deuten, heißt, die widersprüchlichen, die dramatischen, die exzessiven Inhalte, die auf dem Grund jener Indifferenz liegen, sichtbar zu machen. Die Indifferenz hält das Gestörte, das Losgelöste, das Unbestätigte ihrer Existenz in einem scheinbaren Gleichgewicht. Die «Abendländerin», kein Neutrum, sondern unausgefüllte Folie des Weiblichen, erinnert an eine weiße Stelle im Diskurs der Frau, an Orte des Ausschlusses, an die Unformulierbarkeit der weiblichen Subjektivität.

«Die viktorianische Tochter». 1982

Bibliographie

Die Bibliographie verzeichnet von den Werken Virginia Woolfs nur die Erstauflage und die letzte deutsche Übersetzung; eine Gesamtausgabe der Werke gibt es bis heute weder im Englischen noch im Deutschen. Die Liste der Sekundärliteratur versammelt neben wichtigen Monographien und Aufsätzen zur Biographie und zum Werk Virginia Woolfs auch Arbeiten, die den Zeithintergrund in umfassender Weise behandeln. – Stand der Bibliographie: Oktober 1982.

1. Bibliographische Hilfsmittel

BEEBE, MAURICE: Criticism of Virginia Woolf: A Selected Checklist with an Index to Studies of Separate Works. In: Modern Fiction Studies 2/1 (1956), S. 36–45

CORNEY, C. P.: Virginia Woolf. In: The New Cambridge of English Literature Bd. 4. London 1972. S. 472–481

KIRKPATRICK, B. J.: A Bibliography of Virginia Woolf. Second Edition, Revised. London 1967 (Primärbibliographie)

MAJUMDAR, ROBIN: Virginia Woolf: An Annotated Bibliography of Criticism 1915–1974 (= Garland Reference Library of the Humanities, Vol. 42). New York und London 1976

MAACK, ANNEGRET: Virginia Woolf. Sekundärliteratur seit 1974 (in Ergänzung von Robin Majumdar). In: Literatur in Wissenschaft und Unterricht 11 (1978), H. 4, S. 254–258

NOVAK, JANE: Recent Criticism of Virginia Woolf: January 1970–June 1972. Abstracts of Published Criticism and Unpublished Dissertations. In: Virginia Woolf Quarterly (1972/1), S. 141–155

TOERIEN, B. J.: A Bibliography of Virginia Woolf (Stephen): Mrs. Leonard Sidney Woolf, 1882–1941. Cape Town 1943

WEISER, BARBARA: Criticism of Virginia Woolf from 1956 to the Present: A Selected Checklist with an Index to Studies of Separate Works. In: Modern Fiction Studies 18 (1972), H. 3, S. 477–486

2. Werke

a) Erzählerisches Werk

The Voyage Out. London: Duckworth 1915

The Mark on the Wall. Richmond: Hogarth Press 1917; deutsch u. d. T. Der Fleck an der Wand. In: Erzählungen. Frankfurt am Main 1965

Kew Gardens. Richmond: Hogarth Press 1919; deutsch u. d. T. Im Botanischen Garten. In: Erzählungen. Frankfurt am Main 1965

Night and Day. London: Duckworth 1919; deutsch u. d. T. Nacht und Tag. Frankfurt am Main 1982

Monday or Tuesday. Richmond: Hogarth Press 1921; deutsch u. d. T. Montag oder Dienstag. In: Erzählungen. Frankfurt am Main 1965

Jacob's Room. Richmond: Hogarth Press 1922; deutsch u. d. T. Jakobs Raum. Frankfurt am Main 1981

Mr. Bennett and Mrs. Brown. Richmond: Hogarth Press 1924; deutsch u. d. T. Mr. Bennett und Mrs. Brown. In: Granit und Regenbogen. Frankfurt am Main 1960

Mrs. Dalloway. London: Hogarth Press 1925; deutsch u. d. T. Mrs. Dalloway. Frankfurt am Main 1977

To the Lighthouse. London: Hogarth Press 1927; deutsch u. d. T. Die Fahrt zum Leuchtturm. Frankfurt am Main 1979

Orlando: A Biography. London: Hogarth Press 1928; deutsch u. d. T. Orlando. Frankfurt am Main 1961

The Waves. London: Hogarth Press 1931; deutsch u. d. T. Die Wellen. Frankfurt am Main 1959

Flush: A Biography. London: Hogarth Press 1933; deutsch u. d. T. Flush. Die Geschichte eines berühmten Hundes. Frankfurt am Main 1977

The Years. London: Hogarth Press 1937; deutsch u. d. T. Die Jahre. Frankfurt am Main 1979

Between the Acts. London: Hogarth Press 1941; deutsch u. d. T. Zwischen den Akten. Frankfurt am Main 1978

A Haunted House and other Short Stories. London: Hogarth Press 1944; deutsch u. d. T. Die Dame im Spiegel und andere Erzählungen 1960

Nurse Lugton's Golden Thimble. London: Hogarth Press 1966

b) Essayistische Schriften, Tagebücher und Briefe

The Common Reader. London: Hogarth Press 1925

A Room of One's Own. London: Hogarth Press 1929; deutsch u. d. T. Ein Zimmer für sich allein. Frankfurt am Main 1981

On Being Ill. London: Hogarth Press 1930

Letter to a Young Poet. London: Hogarth Press 1932

The Common Reader: Second Series. London: Hogarth Press 1932

Walter Sickert: A Conversation. London: Hogarth Press 1934

Three Guineas. London: Hogarth Press 1938; deutsch u. d. T. Drei Guineen. München 1977

Reviewing. London: Hogarth Press 1939

Roger Fry: A Biography. London: Hogarth Press 1940

The Death of the Moth and Other Essays. London: Hogarth Press 1942; deutsch u. d. T. Der Tod des Nachtfalters. In: S. Fischer Almanach. Frankfurt am Main 1954

The Moment and Other Essays. London: Hogarth Press 1947

The Captain's Death Bed and Other Essays. London: Hogarth Press 1950

A Writer's Diary. Edited by Leonard Woolf. London: Hogarth Press 1953

Virginia Woolf and Lytton Strachey: Letters. Edited by Leonard Woolf and James Strachey. London: Hogarth Press and Chatto & Windus 1956

Granite and Rainbow. Essays. London: Hogarth Press 1958; deutsch u. d. T. Granit und Regenbogen. Frankfurt am Main 1960

The Letters of Virginia Woolf. Edited by Nigel Nicolson and Joanne Trautmann. Vol. I (The Flight of Mind, 1888–1912); Vol. II (The Question of Things Happening, 1912–1922); Vol. III (A Change of Perspective, 1923–1928); Vol. IV (A Reflection of the Other Person, 1929–1931); Vol. V (The Sickle Side of the Moon, 1932–1935); Vol. VI (Leave the Letters Till We're Dead, 1936–1941). London: Hogarth Press 1975–1980

The Diary of Virginia Woolf. Edited by Anne Olivier Bell and Andrew McNeillie. Vol. I (1915–1919); Vol. II (1920–1924); Vol. III (1925–1930); Vol. IV (1931–1935). London: Hogarth Press 1977–1982

Collected Essays. Vol. I–IV. London: Hogarth Press 1966–1967

A Cockney's Farming Experience and The Experience of a Pater-Familias. San Diego 1972

Moments of Being. Unpublished Autobiographical Writings. Edited by Jeanne Schulkind. Brighton 1976; deutsch u. d. T. Augenblicke. Skizzierte Erinnerungen. Stuttgart 1981

Books and Portraits. Some further selections from the Literary and Biographical writings of Virginia Woolf. Edited by Mary Lyon. London 1977

3. Sekundärliteratur

a) Forschungsberichte

BELL, ALAN: Vessels of Experience. In: The Sewanee Review 87 (1979), H. 2, S. 325–332

GINDIN, JAMES: Bolts of Iron. In: Studies in the Novel 8 (1976), H. 3, S. 336–350

GUIGNET, JEAN: Virginia Woolf devant la critique. In: Études anglaises 26 (1973), H. 3, S. 338–345

HUNTING, CONSTANCE: Three more Hazards towards Virginia Woolf. In: Journal of Modern Literature 4 (1974), H. 1, S. 155–159

L'ENFANT, JULIE: A Lady writing: Virginia Woolf chronicle. In: The Southern Review 13 (1977), H. 3, S. 456–467

MAACK, ANNEGRET: Aspekte der Woolf-Kritik. In: Literatur in Wissenschaft und Unterricht 11 (1978), H. 4, S. 230–258

RICHARDSON, BETTY: Beleaguered Bloomsbury: Virginia Woolf, her friends, and their critics. In: Papers on Language and Literature 10 (1974), H. 2, S. 207–221

SPILKA, MARK: New Life in the Works: Some recent Woolf Studies. In: Novel 12 (1979), H. 2, S. 169–184

WILKOTZ, JACQUELINE: Virginia Woolf. In: Contemporary Literature 20 (1979), H. 2, S. 271–273

b) Memoiren und Erinnerungen, zeitgeschichtlicher Hintergrund

ANNAN, NOEL GILROY: Leslie Stephen, His Thought and Character in Relation to his Time. London 1951

BELL, CLIVE: Old Friends: Personal Recollections. London 1956

BELL, MILLICENT: Portrait of the Artist as a Young Woman. In: The Virginia Quarterly Review 52 (1976), H. 4, S. 670–686

BELL, QUENTIN: Bloomsbury. London 1969

BELL, QUENTIN: Virginia Woolf: A Biography. 2 vols. New York 1972; deutsch u. d. T. Virginia Woolf. Eine Biographie. Frankfurt am Main 1977

BELL, VANESSA: Notes on Virginia's Childhood. New Vork 1974

BICKNELL, JOHN W.: Virginia Woolf in Homage and Understanding. In: Journal of Modern Literature 3 (1973), H. 1, S. 108–115

BUCKLEY, JEROME HAMILTON: The Victorian Temper. New York 1964

CAMERON, JULIA MARGARET: Victorian Photographs of Famous Men and Fair Women. London 1926

CARRINGTON, DORA: Letters and Extracts form her Diaries. Edited by DAVID GARNETT. London 1970

FORSTER, EDWARD MORGAN: Virginia Woolf (The Rede Lecture, 1941). Cambridge and New York 1942

FRY, ROGER: Letters. Edited by DENYS SUTTON. London 1972

GADD, DAVID: The Loving Friends: A Portrait of Bloomsbury. London 1974

GERNSHEIM, HELMUT: Julia Margaret Cameron. London 1948

GRANT, DUNCAN: Virginia Woolf. In: Horizon 3 (1941), H. 18

HARROD, ROY: The Life of John Maynard Keynes. London 1951

HEILBRUN, CAROLYN G.: The Bloomsbury Group. Towards a Recognition of Androgyny. New York 1973

HILL, BRIAN: Julia Margaret Cameron: A Victorian Family Portrait. New York 1973

HOLROYD, MICHAEL: Lytton Strachey. 2 vol. London 1967

HOLROYD, MICHAEL: Lytton Strachey and the Bloomsbury Group. London 1968

HOLROYD, MICHAEL: Rediscovery: The Bloomsbury Painters. In: Art in America 58 (1970), July, S. 116–123

HOLTBY, WINIFRED: Virginia Woolf. London 1932

HOUGHTON, WALTER E.: The Victorian Frame of Mind. New Haven 1957

JOHNSTONE, J. K.: The Bloomsbury Group: A Study of E. M. Forster, Lytton Strachey, Virginia Woolf, and Their Circle. London 1954

KALLICH, MARTIN: The Psychological Milieu of Lytton Strachey. New York 1961

KENNEDY, RICHARD: A Boy at the Hogarth Press. London 1972

KENNEY, SUSAN M.: Two endings: Virginia Woolf's Suicide and ‹Between the Acts›. In: University of Toronto Quarterly 44 (1975), H. 4, S. 265–289

KEYNES, JOHN MAYNARD: Two Memoirs. London 1949

LANG, BEREL: Intuition in Bloomsbury. In: Journal of the History of Ideas 25 (1964), S. 295–302

LEHMANN, JOHN: The Whispering Gallery: Autobiography I. London 1955; I am My Brother: Autobiography II. London 1960

LEHMANN, JOHN: Virginia Woolf and her World. London 1975

LOVE, JEAN O.: Virginia Woolf: Sources of Madness and Art. London 1977

MACCARTHY, DESMOND: Leslie Stephen. Cambridge 1937

MAITLAND, FREDERIC W.: The Life and Letters of Leslie Stephen. London 1906

MANSFIELD, KATHERINE: Journal. Edited by J. MIDDLETON MURRY. London 1927

MANSFIELD, KATHERINE: The Letters of Katherine Mansfield. Edited by J. MIDDLETON MURRY. 2 vols. London 1928

MOORE, GEOFFREY: The Significance of Bloomsbury. In: The Kenyon Review 17 (1955), Winter, S. 119–129

MOORE, GEORGE EDWARD: Principia Ethica. Cambridge 1903 (1954)

MORRELL, OTTOLINE: The Early Memoirs of Lady Ottoline Morrell. Edited by
ROBERT GATHORNE-HARDY. London 1963
NICOLSON, NIGEL: Portrait of a Marriage. New York 1973
NOBLE, JOAN RUSSELL: Recollections of Virginia Woolf by Her Contemporaries.
London 1972
O'CONNOR, WILLIAM VAN: Toward a History of Bloomsbury. In: Southern Review
15 (1955), S. 36–52
PIPPET, AILEEN: The Moth and the Star. A Biography of Virginia Woolf. Boston
1955
RANTAVAARA, IRMA: Virginia Woolf and Bloomsbury. Helsinki 1953
ROBSON, W. W.: Liberal Humanists: The Bloomsbury Group. In: Modern English
Literature (1970), S. 93–102
ROGAT, ELLEN HAWKES: The Virgin in the Bell Biography. In: Twentieth Century
Literature 20 (1974), H. 2, S. 96–113
ROSENBAUM, S. P.: The Bloomsbury Group. A Collection of Memoirs, Commen-
tary and Criticism. Toronto 1975
SACKVILLE-WEST, VITA: Pepita. London 1937
SCHILPP, PAUL ARTHUR: The Philosophy of G. E. Moore. Evanston and Chicago
1942
SIMON, IRENE: Bloomsbury and its Critics. In: Revue des Langues Vivantes 23
(1957), S. 385–414
SPATER, GEORGE, und PARSON, IAN: A Marriage of True Minds. An Intimate Por-
trait of Leonard Woolf and Virginia Woolf. London 1977; deutsch u. d. T. Porträt
einer ungewöhnlichen Ehe: Virginia & Leonard Woolf. Frankfurt am Main 1980
SPENDER, STEPHEN: World Within a World. London 1951
STEPHEN, ADRIAN: The ‹Dreadnought› Hoax. London 1936
STEPHEN, JAMES: The Memoirs of James Stephen. Written by Himself for the Use
of His Children. Edited by MERLE M. BEVINGTON. London 1954
STEPHEN, LESLIE: Sketches from Cambridge. London 1865
STEPHEN, LESLIE: History of the English Thought in the 18th Century. 2 vol. New
York 1949 (1876)
STEPHEN, LESLIE: The Life of Sir James Fitzjames Stephen, Bart, K. C. S. I. By his
Brother. London 1895
STEPHEN, LESLIE: Sir Leslie Stephen's Mausoleum Book. London 1977
STRACHEY, LYTTON: Lytton Strachey by Himself: A Self-Portrait. Edited by MI-
CHAEL HOLROYD. London 1971
SWINNERTON, FRANK: Bloomsbury, The Georgian Literary Scene. New York 1934
TRAUTMANN, JOANNE: The Jessamy Brides: The Friendship of Virginia Woolf and
Vita Sackville-West. Pennsylvania 1973
WILSON, DUNCAN: Leonard Woolf: A Political Biography. London 1978
WOOLF, LEONARD: An Autobiography. Vol. I (Sowing, 1880–1904); Vol. II (Gro-
wing, 1904–1911); Vo. III (Beginning Again, 1911–1918); Vol. IV (Downhill
All the Way, 1919–1939); Vol. V (The Journey, Not the Arrival Matters, 1939–
1969). London 1960–1969
ZINK, DAVID: Leslie Stephen. New York 1972

c) Monographien

ALEXANDER, JEAN: The Venture of Form in the Novels of Virginia Woolf. Port
Washington, N. Y. 1974

BADENHAUSEN, INGEBORG: Die Sprache Virginia Woolfs. Ein Beitrag zur Stilistik des modernen englischen Romans. Diss. Marburg 1932

BAZIN, NANCY TOPPING: Virginia Woolf and the Androgynous Vision. New Brunswick, N. J. 1973

BEJA, MORRIS (ed.): Virginia Woolf: To The Lighthouse. A Casebook. London 1970

BENNETT, JOAN: Virginia Woolf: Her Art as a Novelist. Cambridge 1945 (revised 1964)

BLACKSTONE, BERNARD: Virginia Woolf: A Commentary. New York 1949

BLACKSTONE, BERNARD: Virginia Woolf. London 1952

BOOTH, WAYNE C.: The Rhetoric of Fiction. Chicago and London 1961

BORGERS, WILHELM: ‹The Waves› von Virginia Woolf. Die Untersuchung eines literarischen Experiments. Diss. Hamburg 1954

BRANDT, MAGDALENE: Realismus und Realität im modernen Roman: Methodologische Untersuchung zu Virginia Woolfs ‹The Waves›. Bad Homburg 1968

BREWSTER, DOROTHY: Virginia Woolf. New York 1962

CAUDWELL, CHRISTOPHER: Illusion and Reality. A Study of the Sources of Poetry. London 1937 (reprinted 1955)

CHAMBERS, R. L.: The Novels of Virginia Woolf. New York 1947

DELATTRE, FLORIS: Le Roman Psychologique de Virginia Woolf. Paris 1967

DÖLLE, ERIKA: Experiment und Tradition in der Prosa Virginia Woolfs. München 1971 (= Zur Erkenntnis der Dichtung 8)

DONAHUE, DELIA: The Novels of Virginia Woolf. Rom 1977 (= Bibliotheca di Cultura 102)

FINKE, ILSE: Virginia Woolfs Stellung zur Wirklichkeit. Diss. Marburg 1933

FLEISHMAN, AVRON: Virginia Woolf, a Critical Reading. Baltimore and London 1975

FREEDMAN, RALPH: The Lyrical Novel: Studies in Hermann Hesse, André Gide, and Virginia Woolf. Princeton 1963

GOETSCH, PAUL: Die Romankonzeption in England, 1880–1910. Heidelberg 1967

GOLDMAN, MARK: The Reader's Art: Virginia Woolf as Literary Critic. The Hague 1976

GUIGER, JEAN: Virginia Woolf and Her Works. London 1965 (französisches Original: Virginia Woolf et son œuvre: l'Art et la Quête du Réel. Paris 1962)

HAFLEY, JAMES: The Glass Roof: Virginia Woolf as Novelist. Berkley 1954

HAWTHORN, JEREMY: Virginia Woolf's ‹Mrs. Dalloway›. A Study in Alienation. London 1975

HOOPS, REINHALD: Der Einfluß der Psychoanalyse auf die englische Literatur. Heidelberg 1934 (= Anglistische Forschungen H. 7)

HUMPHREY, ROBERT: Stream of Consciousness in the Modern Novel. Berkeley 1954

JOHNSON, MANLY: Virginia Woolf. New York 1973

LATHAM, JAQUELINE E. M. (ed.): Critics on Virginia Woolf. Readings in Literary Criticism. London 1970

LEASKA, MITCHELL A.: Virginia Woolf's Lighthouse: A Study in Critical Method. New York 1970

LEE, HERMIONE: The Novels of Virginia Woolf. London 1977

LEWIS, THOMAS S. W. (ed.): Virginia Woolf: A Collection of Criticism. New York 1975

MAJUMDAR, ROBIN, und MCLAURIN, ALLEN (ed.): Virginia Woolf: The Critical Heritage. London and Boston 1975

MARDER, HERBERT: Feminism and Art: A Study of Virginia Woolf. Chicago 1968

MCLAURIN, ALLEN: Virginia Woolf: The Echoes Enslaved. London 1973

MOODY, A. D.: Virginia Woolf. Edinburgh and New York 1963

NAREMORE, JAMES: The World without a Self: Virginia Woolf and the Novel. New Haven 1973

NATHAN, MONIQUE: Virginia Woolf par elle-même. Paris 1956

NETZER, KLAUS: Der Leser des Nouveau Romans. Frankfurt am Main 1970

NOVAK, JANE: The Razor Edge of Balance: A Study of Virginia Woolf. Coral Gables 1975

POOLE, ROGER: The Unknown Virginia Woolf. Cambridge 1978

PORESKY, LOUISE A.: The Elusive Set: Psyche and Spirit in Virginia Woolf's Novels. London and Toronto 1981

RANTAVAARA, IRMA: Virginia Woolf's ‹The Waves›. Helsinki 1960

RICHTER, HARVENA: Virginia Woolf: The Inward Voyage. Princeton 1970

SAVAGE, DEREK STANLEY: The Withered Branche. Six Studies in the Modern Novel. London 1950

SCHAEFER, JOSEPHINE O'BRIEN: The Three-Fold Nature of Reality in the Novels of Virginia Woolf. The Hague, London, Paris 1965

SCHWANK, KLAUS: Bildstruktur und Romanstruktur bei Virginia Woolf. Untersuchungen zum Problem der Symbolkonstitution in ‹Jacob's Room›, ‹Mrs. Dalloway› und ‹To the Lighthouse›. Heidelberg 1975 (= Anglistische Forschungen 107)

THAKUR, N. C.: The Symbolism of Virginia Woolf. Oxford 1965

WEBER-BRANDIES, INGEBORG: Virginia Woolf – ‹The Waves›. Emanzipation als Möglichkeit des Bewußtseinsromans. Frankfurt 1974 (= Neue Studien zur Anglistik und Amerikanistik)

WEIDNER, EVA: Impressionismus und Expressionismus in den Romanen Virginia Woolfs. Diss. Greifswald 1934

WIGET, ERICH: Virginia Woolf und die Konzeption der Zeit in ihren Werken. Zürich 1949

WILDI, MAX: Der angelsächsische Roman und der Schweizer Leser. Zürich 1944

WYSOCKI, GISELA VON: Weiblichkeit und Modernität. Über Virginia Woolf. Frankfurt am Main und Paris 1982

d) Aufsätze

BAZIN, NANCY TOPPING: Virginia Woolf. In: Contemporary Literature 18 (1977), H. 2, S. 246–249

BEJA, MORRIS: Matches Struck in Dark: Virginia Woolf's Moments of Vision. In: Critical Quarterly 6 (1964), S. 137–152

CHURCH, MARGARET: Concepts of Time in Novels of Virginia Woolf and Aldous Huxley. In: Modern Fiction Studies 1 (1955), S. 19–24

CORNWELL, ETHEL F.: Virginia Woolf, Nathalie Sarraute, and Mary McCarthy. Three approaches to character in modern fiction. In: The International Fiction Review 4 (1977), S. 3–10

DAHL, LISA: The Attributive Sentence Structure in the Stream-of-Consciousness-Technique, with Special Reference to the Interior Monologue used by Virginia Woolf, James Joyce and Eugene O'Neill. In: Neuphilologische Mitteilungen 68 (1967), S. 440–454

DELATTRE, FLORIS: La Durée Bergsonienne dans le roman de Virginia Woolf. In: Revue Anglo-Américaine 9 (1931), Décembre, S. 97–108

ERZGRÄBER, WILLI: Virginia Woolf: Mrs. Dalloway. In: HORST OPPEL (Hg.), Der moderne englische Roman, Interpretationen. Berlin 1965. S. 160–200

ERZGRÄBER, WILLI: Nachimpressionistische Anschauungen über Kompositionstechnik und Farbsymbolik in Virginia Woolfs Roman ‹To the Lighthouse›. In: KUNO SCHUHMANN, WILHELM HORTMANN, ARMIN P. FRANK (Hg.). Miscellanea Anglo-Americana: Festschrift für Helmut Viebrock. München 1974. S. 148–183

FRIEDMAN, NORMAN: The Waters of Annihilation: Double Vision in ‹To the Lighthouse›. In: English Literary History 22 (1955), H. 1, S. 61–79

FROMM, HAROLD: Art and Sexuality. In: The Virginia Quarterly Review 55 (1979), H. 3, S. 441–459

GOETSCH, PAUL: A Source of Virginia Woolf's Mr. Bennett and Mrs. Brown. In: English Literature in Transition 7 (1964), S. 188–189

GRAHAM, JOHN: Time in the Novels of Virginia Woolf. In: University of Toronto Quarterly 18 (1949), S. 186–201

GRAHAM, JOHN: A Negative Note on Bergson and Virginia Woolf. In: Essays in Criticism 6 (1956), S. 70–74

GRAHAM, JOHN: Point of View in ‹The Waves›: Some Services of the Style. In: Universitiy of Toronto Quarterly 39 (1970), April, S. 193–211

HAIGHT, GORDON S.: Letters Schooled Her Style. In: The Yale Review 65 (1976), S. 419–425

HAMBURGER, KÄTE: ‹Mrs. Dalloway›. In: ALEXANDER VON BORMANN u. a., Wissen aus Erfahrung, Werkbegriff und Interpretation heute. Festschrift für H. Meyer zum 65. Geburtstag. Tübingen 1976. S. 712–723

HAVARD-WILLIAMS, PETER und MARGARET: ‹Bateau Ivre›: The Symbol of the Sea in Virginia Woolf's ‹The Waves›. In: English Studies 34 (1953), S. 9–17

HAVARD-WILLIAMS, PETER und MARGARET: Mystical Experience in Virginia Woolf's ‹The Waves›. In: Essays in Criticism 4 (1954), S. 71–84

HUMMEL, MADELINE M.: From the ‹Common Reader› to the Uncommon Critic. ‹Three Guineas› and the Epistolary Form. In: Bulletin of the New York Public Library 80 (1977), S. 151–157

IRLE, GERHARD: Die Phänomenologie einer schizophrenen Psychose in Virginia Woolfs ‹Mrs. Dalloway›. In: Der psychiatrische Roman. Stuttgart 1965. S. 109–113

JACKSON, GERTRUDE: Bemerkungen zur Kritik des Woolfschen Realitätsbegriffs. In: Sprachkunst IV/3,4 (1973), S. 296–313

KREUTZ, IRVING: Mr. Bennett and Mrs. Woolf. In: Modern Fiction Studies 8 (1962), S. 103–115

KUMAR, SHIV K.: A Positive Note on Bergson and Virginia Woolf. In: The Literary Criterion 4 (1961), S. 27–31

LAWSON, RICHARD H.: Technique and Function of Time in Virginia Woolf's ‹Between the Acts›. In: Modern British Literature 3 (1978), S. 19–34

LEYBURN, ELLEN DOUGLASS: Virginia Woolf's Judgment of Henry James. In: Modern Fiction Studies 5 (1959), S. 166–169

LILIENFELD, JANE: The Deceptiveness of Beauty. Mother Love and Mother Hate in ‹To the Lighthouse›. In: Twentieth-Century Literature 23 (1977), S. 345–376

LUND, MARY GRAHAM: The Androgynous Mind: Woolf and Eliot. In: Renascence 12 (1960), S. 74–78

MAACK, ANNEGRET: Das Simultanerlebnis der Wirklichkeit: Zur Struktur von Virginia Woolfs Roman ‹Jacob's Room›. In: Literatur in Wissenschaft und Unterricht 10 (1977), S. 88–103

MARCUS, JANE: Pargeting ‹The Pargiters›. Notes of an apprentice plasterer. In: Bulletin of the New York Public Library 80 (1977), S. 416–435

MCCONNELL, FRANK D.: Death Among the Apple Trees: ‹The Waves› and the World of Things. In: Bucknell Review 16 (1968), H. 3, S. 23–39

NASHASHIBI, PAULINE R.: Alive and There: Virginia Woolf's Presentation of Reality. In: Dutch Quarterly Review of Anglo-American Letters 7 (1977), S. 184–199

PAYNE, MICHAEL: The Eclipse of Order: The Ironic Structure of ‹The Waves›. In: Modern Fiction Studies 15 (1969), S. 209–218

PHILIPSON, MORRIS: Virginia Woolf's ‹Orlando›: Biography as a Work of Fiction. In: DORA B. WEINER and WILLIAM R. KEYLOR (ed.), From Parnassus: Essays in Honor of Jacques Barzun. New York 1976. S. 237–248

RANTAVAARA, IRMA: On Romantic Imagery in Virginia Woolf's ‹The Waves›. In: Neuphilologische Mitteilungen 60 (1959), April, S. 72–89

RANTAVAARA, IRMA: Ing-forms in the Service of Rhythm and Style in Virginia Woolf's ‹The Waves›. In: Bulletin of the Modern Language Association No. 1 (1960), S. 79–97

ROSENBAUM, S. P.: The Philosophical Realism of Virginia Woolf. In: English Literature and British Philosophy, ed. S. P. ROSENBAUM. Chicago 1971. S. 316–356

ROSENBERG, STUART: The Match in the Crocus: Obtrusive Art in Virginia Woolf's ‹Mrs. Dalloway›. In: Modern Fiction Studies 13 (1967), S. 211–220

SHARMA, O. P.: Feminism in the Aesthetic Vision: A Study of Virginia Woolf's ‹Mrs. Dalloway›. In: Women's Studies 3 (1975), S. 61–73

SEARS, SALLIE: Notes on Sexuality: ‹The Years› and ‹Three Guineas›. In: Bulletin of the New York Public Library 80 (1977), S. 211–220

STANZEL, FRANZ: Die Erzählsituation in Virginia Woolfs ‹Jacob's Room›, ‹Mrs. Dalloway› und ‹To the Lighthouse›. In: Germanisch-Romanische Monatsschrift, Neue Folge 4 (1954), S. 196–213

SZLADITS, LOLA: The Life, Character and Opinions of Flush, the Spaniel. In: Bulletin of the New York Public Library 74 (1970), S. 211–218

TRAUTMANN, JOANNE: The Story of the Woolf Letters. In: Virginia Woolf Miscellany 3 (1975), S. 1–2

WAGENSEIL, HANS B.: Virginia Woolf. In: Die Neue Rundschau 30/1 (1929), S. 717–718

WEALES, GERALD: Woolf with a Slapstick. In: Michigan Quarterly Review 16 (1977), S. 456–459

WEIMANN, ROBERT: Erzählerstandpunkt und Point of View. In: Zeitschrift für Anglistik und Amerikanistik 10 (1962), S. 369–416

WELLEK, RENE: Virginia Woolfs as Critic. In: The Southern Review 13 (1977), S. 419–437

ZWERDLING, ALEX: ‹Mrs. Dalloway› and The Social System. In: PMLA 92 (1977), S. 69–82

ZWERDLING, ALEX: ‹Between the Acts› and the Coming of the War. In: Novel 10 (1977), S. 220–236

Namenregister

Die kursiv gesetzten Zahlen bezeichnen die Abbildungen

Albutt, Sir C. *11*
Albutt, Lady *11*
Arnold-Forster, Katherine Anm. 152
Asquith, Raymond 58
Auden, Wystan Hugh 86
Austen, Jane 90

Beethoven, Ludwig van 92
Bell, Angelica *111*
Bell, Clive 48, 49, 51f, 76, 93, 106; Anm. 151, 163, *48*
Bell, Elsa 36
Bell, Julian *60*
Bell, Quentin 55, 56, 109; Anm. 52, 78, 95, 98, 104, 128, 136, 138, 150, 160, 172, 199, *60, 92*
Bellow, Saul 86
Bennett, Arnold 97
Bentham, Jeremy 90
Betjeman, John 86
Bishop, Florence 36
Browning, Elizabeth Barrett 106
Browning, Robert 106
Burne-Jones, Sir Edward 15, 39

Carrington, Dora 82
Cartwright, Mrs. Anm. 145
Case, Janet 35
Chamberlain, Arthur Neville 118
Churchill, Sir Winston Spencer 58
Colefax, Lady 96
Coltman, E. 50
Cox, Ka Anm. 127

Davidson, Angus Anm. 145
Davies, Margaret Llewelyn 77, 81; Anm. 137

Day Lewis, Cecil 86
Degas, Edgar 57
Dickens, Charles 90
Dickinson, Ozzie 50
Dickinson, Violet 39, 40, 50, 71, 93; Anm. 10, 70, 71, 115, 120, 122, 123, 126, 180, *41, 43*
Disraeli, Benjamin, Earl of Beaconsfield 111
Dostojevskij, Fjodor M. 57, 85
Duckworth, George 11, 22, 29, 34f, 37f, 42, 44, 68; Anm. 8; *10*
Duckworth, Gerald 11, 34f, 38, 42, 44, 72, 74; Anm. 8, 125, *10, 11*
Duckworth, Julia s. u. Julia Prinsep Stephen
Duckworth, Stella 11f, 30f, 33, 39; Anm. 8; *18*

Eduard VII., König von Großbritannien und Irland und Kaiser von Indien 40
Eliot, George (Mary Anne Evans) 15
Eliot, Thomas Stearns 85, 86; Anm. 142, *85, 104*
Elizabeth I., Königin von England 104
l'Etang, Chevalier Ambroise Pierre Antoine de 12
Euripides 34

Flower, Mrs. 50
Forster, Edward Morgan 116, *104*
Freud, Sigmund 86
Fry, Roger 71, 99, 106, 109, 118, 121; Anm. 160, 161, *60, 105*
Furse 57

Galsworthy, John 97
Gauguin, Paul 58
Gibbs, Mr. 36
Godley, Eveline 36
Gorki, Maxim (Alexej M. Peškov) 85
Grant, Duncan 60, 63, 66
Gratwick *18*
Graves, Robert 86

Haldane of Cloan, John Scott, Viscount 39
Hardy, Thomas 15
Hawtrey, Ralph 50
Hiles, Barbara 84
Hills, Jack 30f, 39, 41, 42
Hitler, Adolf 122
Hobbes, Thomas 90
Horaz (Quintus Horatius Flaccus) 115
Hunt, Holman 15
Hylton, Lady 50

Isherwood, Christopher 86

James, Henry 15, 39, 79
Jeffers, Robinson 86
Joad, Marjorie Anm. 145
Joyce, James 8, 86, 95
John, Augustus Edwin 57, 58

Kennedy, Richard Anm. 145
Keynes, John Maynard 59, 63f, 66, 86, *105*
Kipphoff, Petra 44, Anm. 80
Koteljansky, Samuel S. 85

Lamb, Walter 50, 66
Le Grys 76
Lehmann, John 88f, 118; Anm. 145
Lepokowa, Lydia 63
Louie 124, 127, 129
Lucas, F. L. 89
Ludwig XIV., König von Frankreich 12

Macaulay, Dame Rose 86, 89
MacCarthy, Desmond 49
Manet, Édouard 57
Mannering, Guy 76
Mansfield, Katherine (Kathleen M. Beauchamp) 84

Marshall, Victor 50
Maxse, Kitty 39
Mayor, Robin 50
Meredith, George 15, 38
Mill, John Stuart 36, 90
Millais, Miss 50
Milton, John 12
Moore, George Edward 52, 53, 55, *53*
Morrell, Lady Ottoline 58f, 76, *59*
Morris, William 44
Muir, Edwin 89
Murphy, Bernadette Anm. 145
Murry, John Middleton 86; Anm. 142

Nicholls, Sir Hugh 50
Nicolson, Harold 86, 89, *92*
Norman, Ronny 36f
Norton, Dick *18*
Norton, Lily *18*

Ovid (Publius Ovidius Naso) 115

Parson, Ian Anm. 81, 83, 91, 106, 109, 113, 142
Partridge, Ralph Anm. 145
Plomer, William 86
Pollock, Jack 50
Prinsep, Henry 50
Proust, Marcel 112

Ransom, John Crowe 86
Read, Sir Herbert Edward 86
Richardson, Dorothy Miller 95
Rilke, Rainer Maria 86
Rimskij-Korsakov, Nikolaj A. 57
Robinson, Edward Arlington 86
Russell, Bertrand 50
Rutter 50
Rylands, G. W. Anm. 145

Sackville-West, Edward *92*
Sackville-West, Vita 68, 104f, 106, 124, *100, 102, 103*
Sargent, John Singer 57
Sartre, Jean-Paul 86
Seurat, Georges 57
Shakespeare, William 92, 114, 116
Sheepshanks, Miss 113
Shelley, Percy Bysshe 49

Sickert, Walter 63
Sidgwick, Henry 39
Sitwell, Dame Edith 86
Smyth, Ethel Anm. 175, 196
Somers, Countess 12
Sophokles 34
Spater, George Anm. 81, 83, 91, 106, 109, 113, 142
Spender, Stephen 86
Stein, Gertrude 86
Stephen, Adrian 13, 19, 34, 39, 40, 41, 55f, 63, 66, 90, 122, *10, 11, 12, 13, 18, 49, 107*
Stephen, Ann 118
Stephen, Fitzjames 9f
Stephen, Harriet Marian 10
Stephen, James 9
Stephen, Sir James 9
Stephen, Julia Prinsep 9, 11f, 18f, 24f, 29, 31, 33, 36, 39, 55, 68, 99, 113, *8, 10, 11, 14, 18*
Stephen, Karin *107*
Stephen, Laura 10, 13, 41; Anm. 8
Stephen, Leslie 9f, 24f, 39, 40, 42, 55, 90, 99, 110, 112, 113; Anm. 3, 8, *10, 11, 18, 26, 38*
Stephen, Thoby 13, 19, 22, 29, 33, 36, 39, 40, 41, 44, 46, 47, 48, 49, 50, 55, 56, 64, 71, 90, 99, 102, *10, 12, 13, 18, 35, 38*
Stephen, Vanessa 9, 13, 16, 18f, 22, 26f, 30f, 41f, 47, 50, 56, 59, 63, 65f, 74, 77, 83, 106, 109, 128; Anm. 78, 103, 108, 139, 140, *10, 11, 12, 13, 18, 28, 43, 45, 60*
Strachey, Lytton 47, 48, 49, 56, 57, 61,
64, 65f, 71, 84, 102, 106; Anm. 121, 130, *47*
Strachey, Marjorie 63
Strawinky, Igor 57
Svevo, Italo (Ettore Schmitz) 86
Sydney-Turner, Saxon 47, 48, 56, *46*
Symonds, John Addington 39

Tennyson, Alfred Lord 15
Thackeray, William 10, 15, 41, 90, 111; Anm. 8
Tolstoj, Leo N. 57, 85, 90
Trollope, Frances 90
Tschechov, Anton P. 85

Vaughan, Madge 93; Anm. 78, 93, 98
Vergil (Publius Vergilius Maro) 115
Victoria, Königin von Großbritannien und Irland und Kaiserin von Indien 124

Wagner, Richard 57
Walpole, Hugh 86
Watts, George Frederic 15, 39, 44, 57
Wells, Herbert George 86, 97
West, Rebecca 86
Wilberforce, Octavia 127
Woolf, Leonard 48, 49, 63, 64f, 81f, 95f, 99, 102, 104, 107f, 110, 116, 118, 121f; Anm. 110, 111, 112, 114, 116, 117, 118, 119, 136, 145; *49, 53, 62, 92, 103, 121*
Woolf, Sidney 63
Wordsworth, William 12

Young, Hilton 50

Über den Autor

Werner Waldmann, geboren 1944 in Schwäbisch Gmünd, studierte deutsche und englische Philosophie und Geschichte in Tübingen, München und Bangor (Wales). 1972 Studienabschluß mit einer Arbeit über das Dokumentartheater bei Walter Jens. Freier Mitarbeiter in der Fernsehspieldramaturgie des Bayerischen Rundfunks, dann Buchredakteur, heute bei einem internationalen Medienkonzern in leitender Position. Publikationen: «Das deutsche Fernsehspiel. Ein systematischer Überblick» (1977), «Einführung in die Analyse von Fernsehspielen» (1980). Aufsätze und Kritiken u. a. in: «Die Zeit», «Deutsches Allgemeines Sonntagsblatt», «Funk-Korrespondenz», «Welt und Wort». Hörspiele: «Tarock» (1977), «Die Nacht vor dem Flug» (1978), «Ein Mann verschwindet» (1979), «Psychogramm» (1979), «Tod eines Zauberers» (1982).

Quellennachweis der Abbildungen

Die Abbildungen für diesen Band stellte der Verlag Chatto & Windus The Hogarth Press zur Verfügung.

rowohlts bild-monographien

Herausgegeben von Kurt und Beate Kusenberg.
Jeder Band mit etwa 70 Abbildungen, Zeittafel,
Bibliographie und Namenregister.

Literatur
Eine Auswahl

Achim von Arnim
Helene M. Kastinger Riley (277)

Charles Baudelaire
Pascal Pia (7)

Simone de Beauvoir
Christiane Zehl Romero (260)

Samuel Beckett
Klaus Birkenhauer (176)

Gottfried Benn
Walter Lennig (71)

Heinrich Böll
Klaus Schröter (310)

Bertolt Brecht
Marianne Kesting (37)

Wilhelm Busch
Joseph Kraus (163)

Albert Camus
Morvan Lebesque (50)

Dante Alighieri
Kurt Leonhard (167)

Alfred Döblin
Klaus Schröter (266)

Annette von Droste-Hülshoff
Peter Berglar (130)

Gustave Flaubert
Jean de La Varende (20)

Stefan George
Franz Schonauer (44)

André Gide
Claude Martin (89)

Johann Wolfgang von Goethe
Peter Boerner (100)

Brüder Grimm
Hermann Gerstner (201)

Gerhart Hauptmann
Kurt Lothar Tank (27)

Heinrich Heine
Ludwig Marcuse (41)

Ernest Hemingway
Georges-Albert Astre (73)

Hermann Hesse
Bernhard Zeller (85)

Friedrich Hölderlin
Ulrich Häussermann (53)

Eugène Ionesco
François Bondy (223)

James Joyce
Jean Paris (40)

Erich Kästner
Luiselotte Enderle (120)

Franz Kafka
Klaus Wagenbach (91)

Heinrich von Kleist
Curt Hohoff (1)

Else Lasker-Schüler
Erika Klüsener (283)

Gotthold Ephraim Lessing
Wolfgang Drews (75)

Jack London
Thomas Ayck (244)

Wladimir Majakowski
Hugo Huppert (102)

Thomas Mann
Klaus Schröter (93)

Henry Miller
Walter Schmiele (61)

Molière
Friedrich Hartau (245)

Robert Musil
Wilfried Berghahn (81)

Novalis
Gerhard Schulz (154)

Edgar Allan Poe
Walter Lennig (32)

Marcel Proust
Claude Mauriac (15)

Rainer Maria Rilke
H. E. Holthusen (22)

Arthur Rimbaud
Yves Bonnefoy (65)

Ernst Rowohlt
Paul Mayer (139)

Marquis de Sade
Walter Lennig (108)

George Sand
Renate Wiggershaus (309)

Jean-Paul Sartre
Walter Biemel (87)

Friedrich Schiller
Friedrich Burschell (14)

William Shakespeare
Jean Paris (2)

Theodor Storm
Hartmut Vinçon (186)

Ernst Toller
Wolfgang Rothe (312)

Georg Trakl
Otto Basil (106)

Kurt Tucholsky
Klaus-Peter Schulz (31)

Oscar Wilde
Peter Funke (148)

Carl Zuckmayer
Thomas Ayck (256)

2060/2